Einigkeit.
Und Recht.
Und Freiheit.

Norbert Lammert

Einigkeit.
Und Recht.
Und Freiheit.

20 Blicke auf unser Land

HERDER

FREIBURG · BASEL · WIEN

Inhalt

5

20 Jahre, 20 Kapitel
Mein Deutschland

Als die Berliner Mauer gebaut wurde, im August 1961, ging ich zur Schule. Ich gehörte zu der Nachkriegsgeneration, die das eigene Land nie anders als geteilt kennengelernt hatte: zwei deutsche Staaten, ideologisch und militärisch hochgerüstet, an der Front des sogenannten Kalten Krieges.

Wenn im Oktober 2010 das wiedervereinte Deutschland seinen 20. Geburtstag feiert, ist die erste Generation erwachsen geworden, die nie andere Verhältnisse als diese erlebt hat: ein freies, geeintes, demokratisches Deutschland in einer Europäischen Gemeinschaft, der scheinbar selbstverständlich west-, mittel- und osteuropäische Staaten angehören, die durch vertragliche Vereinbarungen über gemeinsame Institutionen der Legislative, der Exekutive und der Judikative immer mehr eigene Angelegenheiten gemeinschaftlich regeln.

20 Jahre. Wie kurz und wie lang diese Zeitspanne ist, wird im Kontext von Biografien ebenso deutlich wie im Zeitmaß der Geschichte. Seit dem Fall der Mauer hat die Welt, jedenfalls Europa, sich noch stärker verändert als durch ihren Bau, obwohl beide Ereignisse Ausdruck politischer Entwicklungen waren, die weder allein in Deutschland stattgefunden haben noch allein auf unser Land beschränkt geblieben sind.

Deutschland hatte seine Geschichte nie für sich allein. Von mehr Nachbarn als jedes andere europäische Land umgeben, war es von Veränderungen jenseits der eigenen Grenzen in ähnlicher Weise betroffen wie die Nachbarländer von wichtigen Entwicklungen in Deutschland. Diese Erfahrung ist keineswegs neu; sie markiert seit Jahrhunderten die europäische Geschichte.

Dieses Buch reflektiert die politische Bedeutung herausragender Ereignisse der jüngeren Geschichte. Seine Beiträge sind überwiegend entstanden aus Anlass von Jahrestagen, die besondere Gelegenheit boten, in Reden und Aufsätzen über Kontinuitäten und Brüche der deutschen Geschichte nachzudenken – und über die Belastbarkeit der Institutionen, die die heutige politische Verfassung Deutschlands in Europa prägen. Es sind nicht nur Verfassungen, die das politische und soziale Leben eines Landes bestimmen. Historische Entwicklungen, kulturelle Bindungen, wirtschaftliche Strukturen, technische Innovationen, aber auch Traditionen und Gewohnheiten haben erheblichen Einfluss auf die tatsächlichen Verhältnisse und erst recht auf mögliche Veränderungen.

Die erste gesamtdeutsche Verfassung mit demokratisch-parlamentarischem Ehrgeiz ist in der Frankfurter Paulskirche 1848/49 entstanden. Sie wurde von einer Nationalversammlung gewählter Volksvertreter aus vielen kleinen und einigen größeren mehr oder weniger selbständigen deutschen Teilstaaten beraten und beschlossen – mit dem Ziel, Deutschland politisch zu einen und ihm eine demokratische Ordnung zu geben. Diese Verfassung ist nie in Kraft getreten. Mit der demonstrativen Zurückweisung der Kaiserwürde durch den preußischen König – der dieses von Volksvertretern ihm zugedachte Amt des Staatsoberhauptes eines Deutschen Reiches als Zumutung zurückwies, da ihm „der Ludergeruch der Revolution" anhafte – war der erste ernsthafte Versuch, Deutschland nicht durch Kriege, sondern durch Verträge beziehungsweise eine demokratisch legitimierte Verfassung in einem gemeinsamen Staat zu vereinigen, gescheitert, bevor er begonnen hatte.

Das Deutsche Reich ist zwei Jahrzehnte später dennoch entstanden, auch unter preußischer Führung, mit demonstrativer Kaiserkrönung im Spiegelsaal von Versailles, aber nicht durch Verträge oder Verfassung, sondern durch Kriege. Die deutsch-französische „Erbfeindschaft" war nicht der einzige, aber ein besonders hoher Preis der deutschen Einheit, der nicht nur die Beziehungen zwischen den beiden Nachbarländern auf Jahrzehnte nachhaltig belastet hat.

Am Ende des Ersten Weltkrieges, der in der Rivalität europäischer Nationalstaaten seine wesentliche Ursache hatte, war mit der militärischen Niederlage des Deutschen Reiches und der Ausrufung der Republik die nächste historische Chance gegeben für einen politischen Neuanfang, der wiederum in einer Nationalversammlung nach demokratischen Wahlen, diesmal in Weimar – wieder nicht in Berlin – stattfand. Die dort beratene und verabschiedete Verfassung, die der ersten deutschen demokratischen Republik ihren Namen gab, hat nicht einmal 14 Jahre Bestand gehabt.

Die Machtübernahme durch die Nationalsozialisten war die Selbstabdankung einer Demokratie und der Anfang vom Ende eines vereinten, demokratisch verfassten deutschen Staates.

Die glücklichsten Zeiten der deutschen Geschichte begannen ausgerechnet nach einem verheerenden Zweiten Weltkrieg, der von Deutschland ausgegangen war und das eigene Land besiegt, verwüstet, gedemütigt und geteilt zurückgelassen hatte. In den westlichen Besatzungszonen entstand mit der wohlwollenden Unterstützung der Siegermächte eine neue politische Ordnung, die nicht nur den beispiellosen, weltweit bewunderten Wiederaufbau des Landes, sondern schließlich auch die Wiedervereinigung Deutschlands ermöglicht hat:

Einigkeit. Und Recht. Und Freiheit.
Mein Deutschland.

I. Einheit muss wachsen
Von Ossies und Wessies, Hunden und Katzen,
Kaffee und Kuchen

„Diese deutsch-deutsche Harmonie ist doch eine Fiktion …
Tatsache ist, dass die Deutschen einander nicht ausstehen können, Ossies und Wessies – das ist wie Hund und Katze!" Dieses
selbst im üblichen Lamento bemerkenswerte Urteil über die
deutsch-deutsche Befindlichkeit stammt von einem unbestritten klugen Beobachter. Es war Hans Magnus Enzensberger, der
den Deutschen diese Diagnose bereits 1987 stellte, also zwei
Jahre *vor* den Ereignissen in der DDR, die erst 1990 zur deutschen Einheit führen sollten.

Im Epilog zu seiner Aufsatzsammlung „Ach Europa" entwarf
Enzensberger – 1987! – ein fiktives Gespräch zwischen einem
amerikanischen Reporter und einem britischen Korrespondenten über das wiedervereinigte Deutschland. Staunend liest man
dort folgenden Dialog: „Ich dachte, sie hätten sich zusammengerauft." – „Offiziell schon. Aber wenn du ihre Deklarationen
beim Wort nimmst, gerätst du sofort in ein Unterholz von Komplexen, Rivalitäten und Ressentiments … Wenn ich meine jungen Freunde hier über die jeweils andere Seite reden höre …
Mit einem Wort: jeder von beiden fühlt sich über den andern
weit erhaben." – „Und die berühmte Wiedervereinigung?" –
„Außer Kaffee und Kuchen nichts gewesen."

Außer Kaffee und Kuchen nichts gewesen? Eben doch! Mit
der Revolution der Ostdeutschen 1989 und mit dem 3. Oktober
1990 ist Wesentliches erreicht worden: Einigkeit und Recht und
Freiheit. Aus diesem Bekenntnis unserer Nationalhymne, in einem Land, das mehr als 40 Jahre lang geteilt war, wo Freiheit,

Demokratie und Menschenrechte Millionen Menschen über Jahrzehnte verweigert worden waren, sind Gestaltungsprinzipien eines wiedervereinigten Staates geworden – einer tatsächlich „Deutschen Demokratischen Republik".

Jenseits der handfesten Interessen und Erwartungen, die zu Recht viele Deutsche mit der Wiedervereinigung verbunden haben, sind dies die eigentlichen, die nachhaltigen Errungenschaften des 3. Oktober 1990: Einigkeit. Und Recht. Und Freiheit.

In der einseitigen Fixierung auf das Materielle, die wirtschaftlichen Unterschiede damals und heute, geraten diese einigenden Motive von 1989/90 zu oft aus den Augen. Sie wiederzuentdecken heißt nicht, die Ökonomie geringzuschätzen. Im Gegenteil: Auch auf diesem Feld haben wir allen Grund, die große Aufbauleistung der Bürgerinnen und Bürger in beiden Teilen Deutschlands zu würdigen. Nirgendwo sonst und nie zuvor hat ein Teil eines Landes einem anderen Teil in vergleichbarem Maße geholfen. Und jede Investition ist eine Investition in die gemeinsame Zukunft. Ich empfehle, lieber öfter einmal die mutmachenden Erfolgsgeschichten zu erzählen, statt die unbestreitbaren Lasten zu beklagen. Das ist nicht der „Tagesbefehl zum Glücklichsein", wie gerne eingewandt wird: Es ist vielmehr der Hinweis auf die Wirklichkeit. Die echten und die vermeintlichen Fehler im Einigungsprozess sind oft genug vorgetragen worden; die Erfolge, um die uns im Übrigen unsere Nachbarn beneiden, werden dagegen kaum wahrgenommen und noch seltener gewürdigt.

Die deutsche Einheit als Erfolgsgeschichte zu sehen, heißt keineswegs, blind für die noch immer zu bewältigenden Probleme zu sein. Dabei sollten wir uns aber wieder stärker bewusst machen, dass wir hier über die Hinterlassenschaften der Teilung und weniger über die Folgen der deutschen Einheit reden. „Ruinen schaffen ohne Waffen", spottete der Volksmund

11

in der DDR über den deprimierenden Zustand vieler Städte in Zeiten der Teilung. Die aufwändige Wiederherstellung wertvoller alter Bausubstanz und die Wiedergeburt ganzer historischer Stadtquartiere ist ein grandioser Gewinn der Einheit. Auf dem ehemals völlig verseuchten Uranabbaugebiet der Wismut in Thüringen zum Beispiel hat inzwischen eine Bundesgartenschau stattgefunden. Zugegeben: Nicht überall blühen die Landschaften so eindrucksvoll, aber manche Veränderungen sind zweifellos spektakulär.

Der erzielte Fortschritt wird erst deutlich, wenn man die Entwicklung in den neuen Bundesländern vergleicht mit der Entwicklung, die osteuropäische Nachbarländer bei ähnlicher politischer und wirtschaftlicher Ausgangslage im gleichen Zeitraum gemacht haben. Dort trübt aber der westliche Lebensstandard als innerstaatlicher Maßstab nicht den Blick für das bereits Geschaffene. Unsere Probleme möchten andere gerne haben – und die deutlich höhere Wirtschaftskraft der neuen Bundesländer, ihre inzwischen beispielhafte Infrastruktur, die Kaufkraft und das Niveau der Sozialleistungen auch.

Der Aufbau Ost hat sich in den vergangenen Jahren in vielen Regionen spürbar beschleunigt. Einige Städte und Kreise in den neuen Bundesländern konnten ihre Wettbewerbsfähigkeit deutlich steigern.

Noch größer als die Fortschritte sind aber die Hoffnungen – auch die politisch beförderten Erwartungen. Sie kommen nicht zuletzt in der unablässig und gerade zu Feiertagsanlässen gern bemühten Frage nach der „Vollendung der inneren Einheit" zum Ausdruck. Zu Recht wird darauf die Gegenfrage gestellt, was das denn sein soll: die vollendete Einheit? Ost und West, alles einheitlich, ein Herz und eine Seele? Diese Vorstellung ist genauso unhistorisch wie naiv. Nichts ist so gut, als dass es nicht noch verbesserungsfähig wäre. Aber Einheit heißt eben nicht Einheitlichkeit. Aus gutem Grund wurde 1994 mit der Neufassung von Artikel 72 Abs. 2 des Grundgesetzes die Formulierung „Wahrung der Einheitlichkeit der Lebensverhältnisse" durch „Herstellung gleichwertiger Lebensverhältnisse" ersetzt. Damit wurde nicht nur gegenüber bloßem Erhalt und Sicherung in der Gegenwart ein in die Zukunft weisender dynamischer Prozess reklamiert. Es wurde auch zu Recht die Erwartung von der Einheitlichkeit der Lebensverhältnisse relativiert. Einheitlichkeit gibt es nicht, weder im Osten noch im Westen – und natürlich auch nicht zwischen ihnen. Und ernsthaft betrachtet, wollen wir sie auch nicht.

Es gibt das Bonmot, man habe im Osten geträumt, ins Paradies zu kommen, und sei in Nordrhein-Westfalen aufgewacht. Als Bochumer habe ich diesen Gegensatz nie so recht verstanden. Im Übrigen gilt für mich der weise Satz, dass sich das Paradies in der Regel erst dann zu erkennen gibt, wenn wir daraus vertrieben wurden. Abseits der Hoffnung auf paradiesische Zustände ist aber längst eine differenzierte Betrachtung im Vergleich westdeutscher und ostdeutscher Bundesländer angebracht. Die Ausdifferenzierung von strukturschwachen Regionen und Wachstumszentren ist jedenfalls längst kein allein ostdeutsches Phänomen mehr, und ist es wohl auch nie gewesen. Ostdeutschland ist nicht mehr der einheitliche Wirtschaftsraum, als der er lange betrachtet und behandelt wurde; ebenso wenig übrigens wie Nord- oder Süddeutschland als geografische Zuordnung unterschiedlicher Bundesländer. Viele Kreise in Ost- und Westdeutschland haben heute vergleichbare Interessen und ähnliche Probleme. Aber sie haben eine andere Geschichte.

Umfragen zufolge haben rund zwei Drittel der Menschen in den neuen Bundesländern eher positive und nur weniger als 20 Prozent eher negative Erinnerungen an die DDR. Ich finde das einleuchtend. Schließlich geht es dabei auch um die eigene Biografie. Zugleich sagt die überwältigende Mehrheit der Ostdeutschen ebenso klar, dass sie Verhältnisse wie in der DDR auf keinen Fall zurückhaben will. Auch dieser Befund zeigt: Das Urteilsvermögen der Leute ist nicht weniger ausgeprägt als ihr Erinnerungsvermögen.

Die Ostdeutschen wissen nur zu genau, was sie sich 1989 erkämpft haben: Dem Ruf nach Einheit – „Wir sind ein Volk" – ging der selbstbewusste Satz „Wir sind das Volk" voraus; zusammen war dies der Ruf nach Recht und Freiheit für alle Deutschen. Unsere tagespolitischen Auseinandersetzungen um die Lösung noch ausstehender ökonomischer und sozialer Aufgaben sollten den Blick auf diese Antriebskräfte von 1989/90 nicht verstellen.

Die rechtsstaatliche Ordnung der westdeutschen Demokratie übte eine solche Faszination aus, dass Tausende in den Jahren der Trennung ihr Leben aufs Spiel setzten, um die diktatorischen Grenzen zu überwinden und Freiheit zu erreichen. Weil seit der Teilung Tausende wegliefen – insgesamt mehr als 2,5 Millionen Menschen –, wurde 1961 die Mauer gebaut, und weil dennoch Tausende wegliefen, musste die Mauer auch wieder geöffnet werden.

Wohin aber sind sie nach der Maueröffnung gelaufen? In den Westen oder nach Deutschland? Diese gescheite Frage hat der Journalist Peter Bender, der sich seit vielen Jahren mit diesem Thema beschäftigt, ebenso intelligent beantwortet: „Wären sie auch gelaufen, wenn hinter der Westgrenze der DDR Frankreich gelegen hätte? Sehr wahrscheinlich nur wenige. Wären sie gelaufen, wenn die Bundesrepublik ärmer gewesen wäre als die DDR und ebenso unfrei? Sehr wahrscheinlich nicht." Sie liefen und übersiedelten in immer größerer Zahl und entschieden sich später mehrheitlich für eine Vereinigung mit der Bundesrepublik, „weil sich der Westen in deutscher Gestalt darbot und Deutschland in westlicher Form". Mit anderen Worten: Wenn es dazu noch eines Beweises bedurft hätte, dass Einigkeit und Recht und Freiheit mehr bedeutet haben als ein unverbindliches Lippenbekenntnis, so haben die Deutschen zwischen Oder und Elbe diese Zweifel ausgeräumt. Nicht alle Deutschen freilich haben diese Veränderungen gewollt, weder im Osten noch im Westen. Für manche auch durchaus prominente Zeitgenossen war die Wiedervereinigung eher Anlass zur Sorge als zur Freude: So schrieb der spätere Literaturnobelpreisträger Günter Grass noch im Februar 1990, drei Monate nach dem Fall der Mauer: „Ich fürchte mich nicht nur vor dem aus zwei Staaten zu einem Staat vereinfachten Deutschland, ich lehne den Einheitsstaat ab und wäre erleichtert, wenn er – sei es durch deutsche Einsicht, sei es durch Einspruch seiner Nachbarn – nicht zustande käme."

Das, was die Ostdeutschen 1989 als Voraussetzung für die deutsche Einheit mit großem Mut und der Bereitschaft zum persönlichen Opfer vollbrachten, war eine politische Revolution für das Recht und für die Freiheit. Dies gilt es gegenüber der allzu einfachen, beinahe niedlichen Version von der „Wende" zu betonen.

Während eine kluge Außenpolitik die deutsche Einheit in Frieden mit allen unseren Nachbarn herbeiführte, stellen uns die nachhaltigen Folgen einer 40-jährigen Teilungszeit innenpolitisch noch immer vor große Herausforderungen. Manches ist im Einigungsprozess vielleicht zu früh geschehen, anderes passierte aus der Sicht von Betroffenen und kritischen Beobachtern zu spät – ein nicht wirklich überraschendes, eher wohl ein unvermeidliches Phänomen.

In der strafrechtlichen Aufarbeitung von DDR-Verbrechen hat der deutsche Rechtsstaat mit der für Opfer manchmal schwer erträglichen, aber konsequenten Anwendung rechtsstaatlicher Prinzipien seine Haltung und seine Stärke bewiesen. Zu den Erfahrungswerten gehört aber auch: Recht und Gerechtigkeit stehen in einem durchaus spannungsreichen Verhältnis. Die anhaltenden und unbedingt notwendigen Debatten um die angemessene gesellschaftliche Aufarbeitung der DDR-Verbrechen zeigen den beständigen Konflikt, dem unser Gerechtigkeitsgefühl gelegentlich ausgesetzt ist. Auch angesichts der inzwischen gewährten Opferrenten sollten wir uns selbstkritische Fragen stellen: Haben wir uns im wiedervereinigten Deutschland nicht zu viel mit den Tätern und zu wenig mit den Opfern beschäftigt? Ist der Eindruck gänzlich unberechtigt, das „Neue Deutschland", die demokratische Republik, habe gegenüber den Opfern des Unrechts weniger Großzügigkeit aufgebracht als gegenüber den Tätern?

Unbestritten aber ist: Die Revolution von 1989 brachte mit dem Überwinden der DDR-Diktatur einen einzigartigen Fortschritt, das Menschenrecht auf Freiheit. Diese Bilanz entzieht sich jeder Frage nach der Höhe der Kosten oder ihrer Aufrechenbarkeit. Deshalb kann und sollte die Erinnerung an die Motive wie die Erfolge der Revolution von 1989 das Bewusstsein für den Wert der Freiheit stärken – Freiheit, vor allem und zuerst verstanden als ganz persönliche Handlungs- und Entscheidungsfreiheit, die Chance, sein Leben selbst in die Hand zu nehmen, es nach eigenen Vorstellungen und auf eigene Verantwortung hin zu gestalten. Gerade sie bekommt jedoch hierzulande nicht immer die Aufmerksamkeit, die sie verdient. Die sozialwissenschaftliche Forschung der letzten 20 Jahre hat sich jedenfalls damit nur wenig beschäftigt. Hingegen wurde zum Thema Gleichheit ein Vielfaches an Veröffentlichungen publiziert.

Die Forschungen zur deutschen Teilung und zum Einigungsprozess sind inzwischen kaum noch übersehbar, die publizierten Arbeiten gehen in die Tausende. Eine private Literaturdatenbank zur deutschen Wiedervereinigung wartet im Internet mit mehr als 50.000 Einträgen zur Online-Recherche auf. Diese Aufarbeitung ist unbestreitbar wichtig, sie ersetzt al-

16

lerdings weder die Aufklärung noch die Vermittlung der wesentlichen historischen Daten und Zusammenhänge. Wenn nach einer Studie der Stiftung zur Aufarbeitung der SED-Diktatur und des Verbandes der Geschichtslehrer Deutschlands fünf Prozent der deutschen Gymnasiasten Walter Ulbricht für einen oppositionellen Liedermacher der DDR halten und mehr als sieben Prozent in Erich Honecker den zweiten Bundeskanzler der Bundesrepublik sehen, dann ist das bei weitem nicht so komisch, wie es sich anhört.

Man muss auch nicht die Bibliotheken konsultieren, um eine doch recht einseitig erscheinende Gewichtung im bisherigen Forschungsinteresse, vor allem aber eine unangemessene Fixierung auf das scheinbar unbekannte Wesen im Osten zu erkennen. Es reicht dazu ein einfacher Klick im Internet. Dort finden sich über zwei Millionen Einträge, die sich mit dem beschäftigen, was leider noch immer gemeinhin als „Ossi" bezeichnet wird, aber nicht einmal 200.000 Einträge zu seinem Landsmann im Westen. Offensichtlich haben viele Beobachter bis heute nicht wahrgenommen, dass nicht nur der Westen den Osten verändert hat. Die zwölfjährige Schulausbildung bis zum Abitur zum Beispiel, die in westlichen Bundesländern als Voraussetzung für den Hochschulzugang zunächst gar nicht anerkannt werden sollte, ist inzwischen gesamtdeutscher Standard.

In der Einigkeit über die Leitprinzipien Recht und Freiheit, im Konsens über den freiheitlichen und demokratischen Rechtsstaat, liegt der eigentliche Kern der vielbeschworenen „inneren Einheit" Deutschlands. „Vollendet" muss und kann sie nicht sein. Aber sie ist Wirklichkeit geworden. Dies allein ist mehr, als ganze Generationen gehofft oder geglaubt haben. Es gehört zu den merkwürdigen Begabungen der Deutschen, dass sie Ereignisse und Entwicklungen, die sie jahrzehntelang für nahezu ausgeschlossen gehalten haben, von dem Augenblick an, in dem sie gleichwohl Realität geworden sind, für eine schiere Selbstverständlichkeit halten.

Einheit muss wachsen. „Sich zu vereinen, heißt teilen lernen." Dieses nur scheinbare Paradoxon, mit dem Richard von Weizsäcker am 3. Oktober 1990 den Weg zur inneren Einheit beschrieb, hat nichts von seiner Bedeutung und Richtigkeit verloren. Und die Deutschen zeigen seit Jahren eine sicher nicht immer als schmerzfrei empfundene, im Prinzip aber doch ungebrochene, auch finanzielle Solidarität. Die Teilung zu überwinden, heißt teilen zu lernen: Dieser anhaltende Lernprozess wird aber auch ganz wesentlich – und heute mehr denn je – als Anliegen verstanden, die Erinnerungen miteinander zu teilen. Strukturen, so gut sie wissenschaftlich aufgearbeitet sind, erklären nicht alles. Gelebtes Leben geht weder in Anekdoten auf noch in wie gut auch immer recherchierten Reportagen; es will erzählt werden, wenn es verstanden werden soll. Die Politik verfügt dabei nur über begrenzte Mittel, sie kann aber und sie sollte dazu Anstöße geben. Ein Freiheits- und Einheitsdenkmal in Berlin wäre ein wichtiger Beitrag, der längst überfällig ist. Wir haben aus gutem Grund insbesondere in der Hauptstadt zahlreiche auffällige Stätten der Erinnerung an die Verbrechen zweier Diktaturen in Deutschland; es gibt keinen vernünftigen Grund, nicht auch in ähnlich demonstrativer Weise der Freiheits- und Einheitsgeschichte der Deutschen zu gedenken. Sie ist für das Selbstverständnis und das Selbstbewusstsein unseres Landes gewiss nicht weniger wichtig.

Zum 25. Jahrestag des Falls der Mauer und der Wiedervereinigung könnte und sollte ein solches Denkmal stehen. Es wäre vor allem zugleich eine notwendige Ermunterung zu einer breiten öffentlichen Debatte über den Wert von Einigkeit und Recht und Freiheit heute – und nicht zuletzt Ausdruck eines über wirtschaftliche Konjunkturen und auch über Moden hinweg tragenden aufgeklärten Patriotismus, wie er uns in sei-

ner ansteckend fröhlichen Form während der Fußball-Weltmeisterschaft 2006 im eigenen Land begegnete, genährt von
der stolzen Erinnerung an eine gelungene friedliche Revolution
und getragen vom Grundakkord unserer Verfassung: Demokratie, Rechtsstaat, Sozialstaat, Bundesstaat. Und Kulturstaat,
selbstverständlich.

Es gibt zu unserem Nationalfeiertag eine aufschlussreiche
Geschichte, die von einer französischen Journalistin zum
zehnten Jahrestag der deutschen Einheit berichtet wurde.
Was sie selbst damals geradezu fassungslos registrierte, wird
uns heute, Jahre später, leider noch immer nicht gänzlich
überraschen. Die Französin hatte sich tags zuvor von einem
deutschen Ladenverkäufer nicht mit einem einfachen „Auf
Wiedersehen" verabschiedet, sondern gesagt: „Ich wünsche
Ihnen morgen einen schönen Nationalfeiertag" – und danach
das Gefühl gewonnen, sie hätte etwas Unanständiges, jedenfalls Unpassendes gesagt. Der 3. Oktober *ist* aber ein Tag der
Freude und ein Anlass zum Feiern – mithin also auch ein
Grund für Kaffee und Kuchen.

Am 3. Oktober 1990 wurde die deutsche Einheit in Freiheit
vollendet. Es war mehr als der formale Akt des Beitritts neuer
Bundesländer aus der damaligen DDR zur Bundesrepublik
Deutschland. Es war der erfolgreiche Abschluss einer beispiellosen Entwicklung, eine gewaltfreie Revolution, die dennoch
oder gerade deshalb die Verhältnisse nicht nur im eigenen
Land grundlegend veränderte – ein historischer Einschnitt für
Deutschland und für das freie Europa. Daran sollten wir uns
nicht nur in solchen Jahren erinnern, in denen der ersten Ma-
nifestationen des Freiheits- und Einheitswillens der Deutschen
gedacht wird: 1817 auf der Wartburg, 1832 auf dem Hamba-
cher Schloss, 1849 in der Frankfurter Paulskirche. Damals gab
Hoffmann von Fallersleben mit der dritten Strophe seines
„Lieds der Deutschen" die Losung aus, die für Generationen

bloße Wunschvorstellung blieb: Einigkeit und Recht und Freiheit. Sie wurde zum Bekenntnis für ein demokratisches Deutschland, das es damals noch nicht gab, und sie ist zum Gestaltungsprinzip eines vereinten, freien und demokratischen Landes geworden, im Frieden mit allen seinen Nachbarn, mit ihnen verbunden in einer Gemeinschaft europäischer Staaten.

Größeres Glück hatten die Deutschen in ihrer Geschichte nie. Aus diesem Glück kann Einheit wachsen.

II. „Den Sozialismus in seinem Lauf hält weder Ochs noch Esel auf"

Vom 17. Juni 1953 zum 3. Oktober 1990

„Den Sozialismus in seinem Lauf hält weder Ochs noch Esel auf!", hatte Erich Honecker noch Anfang Oktober 1989 anlässlich der Feierlichkeiten zum 40. Jahrestag der DDR gesagt. Vier Wochen später fiel die Mauer, weniger als ein halbes Jahr danach war die kommunistische Regierung durch freie Wahlen gestürzt, ein Jahr später der Staat aufgelöst: Die DDR hatte sich durch Beitritt zum Geltungsbereich des Grundgesetzes mit der Bundesrepublik Deutschland vereinigt. Es waren nicht Ochs und Esel, es waren die Menschen, die den Sozialismus 1989 nicht nur aufhielten, sondern ihn ersetzten: durch die Freiheit – Einigkeit und Recht und Freiheit.

Um die Freiheit ging es den Menschen auch am 17. Juni 1953. Der Tag gehört deshalb zu den herausragenden Daten der jüngeren deutschen Geschichte. In der Begründung zu dem Bundesgesetz, das den 17. Juni noch im selben Jahr zum gesetzlichen Feiertag bestimmt hat, heißt es: „Am 17. Juni 1953 hat sich das deutsche Volk in der sowjetischen Besatzungszone und in Ost-Berlin gegen die kommunistische Gewaltherrschaft erhoben und unter schweren Opfern seinen Willen zur Freiheit bekundet. Der 17. Juni ist dadurch zum Symbol der deutschen Einheit in Freiheit geworden."

Die Geschichte des 17. Juni 1953 ist, für sich betrachtet, die Geschichte einer Niederlage. An jenen Tagen Mitte Juni 1953 haben in der DDR Hunderttausende Menschen in der DDR – die Schätzungen reichen von 400.000 bis zu 1,5 Millionen – erstmals den Fuß in die Tür zur Freiheit gestellt.

Das Regime hat diese Tür jedoch wieder zugeschlagen – nicht nur in Berlin, sondern auch in Rostock, Schwerin, Frankfurt/ Oder, Magdeburg, Cottbus, Halle, Erfurt, Dresden, Chemnitz und anderen Orten, an denen die Menschen auf die Straße gingen.

Mit welcher Gnadenlosigkeit und Menschenverachtung dies geschah, zeigt das Beispiel des Autoschlossers Alfred Diener in Jena. Der damals gerade 26-Jährige war dabei, als der SED-Kreisleitung die Forderungen der 20.000 Demonstranten auf dem Holzmarkt vorgetragen wurden. Er wurde noch am Nachmittag des 17. Juni verhaftet und am Morgen des 18. Juni durch ein sowjetisches Militärtribunal zum Tode verurteilt. Das Urteil wurde sofort vollstreckt. Alfred Diener hatte am 19. Juni 1953 heiraten wollen. Er hinterließ neben seiner Verlobten seinen sechs Monate alten Sohn. Andere Demonstranten wurden auf offener Straße erschossen, für Jahre inhaftiert oder bezahlten mit Diskriminierung für ihren Widerstand.

Der Aufstand der Menschen in der DDR war brutal niedergeschlagen worden, und doch waren die Erhebungen von 1953 in der Rückschau der Beginn eines letztlich erfolgreichen Kampfes für die Freiheit. Fritz Stern, der als Junge mit seiner deutsch-jüdischen Familie 1938 aus Breslau vertriebene amerikanische Historiker, sagte in seiner Rede zur Gedenksitzung des Deutschen Bundestages am 17. Juni 1987, also zwei Jahre vor dem Fall der Mauer: „Aus der heutigen Sicht kann man sehen, dass die damaligen Kämpfer mehr erreicht haben – sowohl Erstrebtes wie Ungeahntes –, als man nach ihrer Niederlage vor sowjetischen Panzern hätte erwarten können. Der 17. Juni wurde zu einem Vorboten von Aufständen und Reformen: Die Menschen der Nachbarländer der DDR, die Polen, die Ungarn, die Tschechen, haben auf ihre eigene großartige Weise versucht, ihre Forderungen durchzusetzen … Der 17. Juni hat einen Prozess eingeleitet, in dem immer erneute Forderungen Reformen erzwungen haben."

Viele Menschen in Westdeutschland werden den 17. Juni allerdings vor allem als arbeitsfreien Tag in Erinnerung haben, weniger als einen nationalen Gedenktag, vielmehr als einen Ausflugstag bei häufig schönem Wetter. Und wenn wir ehrlich sind, war das Gedenken an den 17. Juni 1953 in der alten Bundesrepublik für viele eher ein Ritual und in der früheren DDR, wie Bundeskanzlerin Angela Merkel es einmal knapp formulierte, ein „Untag" – vermutlich bei jedem Wetter.

Seit der Wiedervereinigung haben wir die Möglichkeit, ein gemeinsames Verständnis des 17. Juni als eines nationalen wie eines europäischen Gedenktages in Ost und West zu entwickeln, ein Verständnis, das unser Gedenken an diesen Tag als Teil des Erinnerns der europäischen Freiheits- und Einheitsgeschichte des 20. Jahrhunderts ansieht. Der Fall der Mauer 1989 war nicht der Anfang, sondern der glückliche Abschluss einer Entwicklung, die viele Jahre früher begonnen und nicht nur in Deutschland, sondern fast überall in Mittel- und Osteuropa stattgefunden hat.

An die polnischen Verdienste um Freiheit und um die Einheit Deutschlands und Europas erinnert ein Mauerstück der ehemaligen Danziger Lenin-Werft an der Ostfassade des Reichstagsgebäudes auf dem Friedrich-Ebert-Platz in Berlin. Es handelt sich um einen Teil jener Mauer, über die Lech Wałęsa am 14. August 1980 sprang, um den Streik zu organisieren, der zur Gründung der Solidarność-Gewerkschaft führte. „Zur Erinnerung an den Kampf der Solidarność für Freiheit und Demokratie und an den Beitrag Polens zur deutschen Wiedervereinigung und für ein politisch geeintes Europa", so lautet der Text der an dieser Mauer angebrachten Bronzetafel. Sie ist ein Zeichen der Erinnerung an eine oft nicht einfache, nicht immer glückliche, aber jedenfalls gemeinsame Geschichte unserer beiden Länder, die – in der Formulierung des unvergessenen großen polnischen Papstes Johannes Paul II. – „der Wille Gottes zu Nachbarn gemacht hat".

Schon seit geraumer Zeit erinnert eine andere Gedenktafel an die Freundschaft zwischen Deutschland und Ungarn und die souveräne Entscheidung eines damals nicht gänzlich souveränen Landes zur Öffnung der Grenze zwischen Ungarn und Österreich und die damit verbundene Entwicklung zur Wiederherstellung der Einheit Deutschlands und Europas. Es führt kein gerader Weg vom 17. Juni 1953 zum 3. Oktober 1990. Aber der Umweg über Budapest 1956, Prag 1968, Danzig 1980 zurück nach Berlin beschreibt die innere Logik der jüngeren Geschichte Europas: Der Verlust der Freiheit war verbunden mit der Teilung Deutschlands und Europas, die nur im gemeinsamen Kampf für die Wiederherstellung der Freiheit zu überwinden war.

Ein wichtiger Schritt auf diesem Weg waren die ersten einzigen und freien Wahlen zur Volkskammer der DDR am 18. März 1990. Die „Sozialistische Einheitspartei Deutschlands" hatte 40 Jahre keine freie und geheime Abstimmung zugelassen; Einheitslisten hatten die Bürger in Wahlen ohne Auswahl zum bloßen „Zettelfalten" degradiert. Der Wahlausgang war das Ergebnis dreister Fälschungen, die die Menschen schließlich nicht mehr hinnehmen wollten. „Wer Wahlergebnisse vorfertigt oder verfälscht, oder vorgefertigte oder verfälschte in Umlauf bringt, wird mit einer *Ausreisequote* nicht unter 50.000, mit einer *Botschaftsbesetzung* nicht unter drei Monaten und einer *Protestdemonstration* ... nicht unter 10.000 Teilnehmern bestraft", hieß es in einem Aufruf zu einer Demonstration im November 1989.

Statt der propagierten Identität von Herrschern und Beherrschten hatten bereits im Mai 1989 einzelne Bürger vor aller Augen den Bruch zwischen Partei und Volk offengelegt. Sie machten Wahlbehinderung, Wahlbeeinflussung und Wahlfälschung öffentlich. Diese heute zu Unrecht weitgehend Vergessenen nahmen Drangsalierungen in Kauf, sie riskierten, abgehört, beobachtet und unter Druck gesetzt zu werden. Der Protest gegen die letzten gefälschten DDR-Wahlen schlug einen Funken, der im Herbst des gleichen Jahres Massenproteste entzündete. Nun waren es nicht mehr wenige, auch nicht die angedrohten 10.000, sondern am Ende Hunderttausende, die sich gegen die Missachtung elementarer Bürger- und Menschenrechte in der DDR zur Wehr setzten. Sie forderten: „Freie Wahlen – wahre Zahlen!" Das mutige Engagement einer Minderheit ermöglichte am Ende der Mehrheit, ihre eigene Stimme zu finden – und am 18. März 1990 in wirklich freien, allgemeinen, gleichen, direkten und geheimen Wahlen an die Urnen zu tragen.

Die autoritäre Führung dieser deutschen, aber nicht demokratischen Republik baute auf Bevormundung und Unterdrückung, auf häufig erzwungene Teilnahme; sie gewährte aber keine echte Teilhabe, schon gar keinen ernsthaften politischen Einfluss. Das galt auch für ein Parlament, das kaum zusammentrat, und wenn doch, die Abgeordneten zu bloßen Statisten unter Regie der Einheitspartei machte. Die DDR-Zeitschrift „Staat und Recht" urteilte 1978 über die Volkskammer, dieses vermeintlich „oberste staatliche Machtorgan der DDR" sei nicht mit den Maßstäben bürgerlichen Parlamentarismus messbar und bewertbar – wohl wahr. Die selbstbeanspruchten demokratischen Grundsätze machen eine Bewertung dagegen durchaus möglich: Die Verfassungstheorie versprach die zentrale Rolle der Volkskammer; die politische Realität zeigte allein deren Ohnmacht. Das „große Sprech- und Horchinstrument", das Bertolt Brecht 1954 vorgeschwebt hatte, ist die Volkskammer bis zu den Wahlen am 18. März 1990 sicher nie gewesen.

Was ein politisches System als Demokratie qualifiziert, ist die Existenz und gefestigte Rolle eines frei gewählten Parlaments im Verfassungsgefüge wie in der politischen Realität. Regiert wird immer und überall auf der Welt, mal mit und auch heute noch allzu oft ohne demokratische Legitimation. Ein frei gewähltes demokratisches Parlament macht den Unterschied. Es ist das Forum der Nation zur öffentlichen Auseinandersetzung, Beratung und Entscheidung aller wichtigen Angelegenheiten. „Wir sind das Volk": Das bedeutete 1989, sich von der Entmündigung zu befreien und die Dinge selbst in die Hand nehmen zu wollen. Allein die beachtliche Wahlbeteiligung bei den Volkskammerwahlen 1990 – mehr als 93 Prozent – war ein bemerkenswerter Beleg für das neugewonnene demokratische Selbstbewusstsein der Bürger in der DDR.

„Der 18. März war kein Geschenk, keine himmlische Fügung, sondern ein hart errungenes Ergebnis der Friedlichen Revolution." So hat Wolfgang Thierse die damaligen Ereignisse beschrieben und hinzugefügt: „Er war das großartige Werk jener mutigen, mutig gewordenen Menschen, die im Herbst 1989 ihre Sprache wiederfanden, sich in den Bürgerrechtsbewegungen sammelten und in jenen Tagen ihre Freiheit … selbst erkämpft haben!"

Die „Frankfurter Allgemeine Zeitung" kommentierte den 18. März 1990, die Welt sei an diesem Tag zum zweiten Mal Zeuge eines Aktes deutscher Selbstbefreiung geworden. Der erste habe auf der Straße gespielt, der zweite in der Wahlkabine. Die Wahlen bedeuteten den Anschluss der DDR an die Verfassungstradition westlicher Demokratien. Lothar de Maizière hat als frei gewählter Ministerpräsident der DDR in seiner Regierungserklärung am 19. April 1990 vor den Abgeordneten der Volkskammer gesagt: „Das Volk ist sich seiner selbst bewusst geworden. Zum ersten Mal seit vielen Jahrzehnten haben sich die Menschen in der DDR als Volk konstituiert."

Die Dimension, die die Wahl für jeden Einzelnen hatte, hat de Maizière später in einer historischen Rechnung eindrücklich aufgemacht: Man musste damals weit über 70 Jahre alt gewesen sein, um bereits einmal in seinem Leben frei gewählt zu haben – 1932 bei den letzten Reichstagswahlen, die diese Bezeichnung verdienen.

Der Ausgang der Wahlen vom 18. März 1990 erfüllte nicht die Hoffnungen aller, er überraschte viele – und entsprach damit den Erwartungen an eine wirklich freie und geheime Wahl. Vertreter der Bürgerrechtsbewegung, die mit ihrem Widerstand die freien Wahlen ermöglicht hatten, fanden sich in der parlamentarischen Opposition wieder. Das war für viele eine schmerzhafte Erfahrung. Ihre Bedeutung war in dieser Rolle indes kaum weniger groß als zuvor. Denn die demokratische Reife eines politischen Systems zeigt sich vor allem am Vorhandensein einer Opposition und deren politischen Wirkungsmöglichkeiten. Sie erst macht das Parlament zur Vertretung des ganzen Volkes.

Die freien Wahlen beendeten in der DDR das Schattendasein des jahrzehntelang dem eigenen Anspruch hohnsprechenden Parlaments. Erst jetzt wurde es zu einer echten Kammer des Volkes – und zur politischen Herzkammer der in der friedlichen Revolution neu gewonnenen Demokratie. Der Zentrale Runde Tisch, dem das Verdienst gebührt, die DDR friedlich in ein freiheitlich demokratisches Gemeinwesen überführt zu haben, stützte sich zwar auf eine politische, jedenfalls moralische Legitimierung durch einen Großteil der Bevölkerung. Doch erst die aus freien Wahlen hervorgegangene Volksvertretung schuf die Voraussetzung für eine demokratisch legitimierte Regierung, deren Handlungsfähigkeit dabei das Ergebnis großen Verantwortungsbewusstseins unter den damaligen politischen Akteuren war.

So überraschend der Wahlausgang gewesen ist, so eindeutig und unmissverständlich war hingegen seine politische Botschaft: Er bedeutete das Mandat zur deutschen Einheit. Der 18. März 1990 wies den Abgeordneten der 10. Volkskammer damit über Nacht eine der Hauptrollen auf der Bühne der Weltpolitik zu. Von insgesamt 409 Abgeordneten – inklusive Nachrückern – gehörten nur drei Prozent bereits der 9. Volkskammer an. Die allermeisten traten über Nacht eine Aufgabe an, von der sie nur begrenzte Vorstellungen haben konnten. Sie gingen berufliche Risiken ein und brachten über Monate erhebliche private Opfer. Viele von ihnen, darunter viele heute vergessene Helden der Revolution, haben die politische Bühne längst wieder verlassen.

Die freie Volkskammer hat damals viele, gelegentlich gönnerhafte Attribute bekommen. Den Abgeordneten wurde ein immenses Arbeitspensum abverlangt. Während die Volkskammer in den 80er Jahren im Schnitt nicht einmal zu drei Sitzungen im Jahr zusammentrat, wurden zwischen April und September 1990 in 38 Tagungen 164 Gesetze und 93 Beschlüsse beraten und verabschiedet. Dass die Abgeordneten dabei um Dialog und Konsens bemüht waren, erschien westlichen Beobachtern oft unkonventionell. Ungewöhnlich waren auch die Arbeitsbedingungen, die etwa die Vorbereitungen zu Koalitionsgesprächen nur auf Fluren zuließen, wie sich Richard Schröder erinnert. Als damaliger Fraktionsvorsitzender der SPD bekam er erst im August ein Telefon in seine Wohnung. Bis dahin konnte er zwar mit einem ausgeliehenen Funktelefon ohne Weiteres bis Honolulu, aber nicht von Ost-Berlin nach Leipzig telefonieren.

Die Abgeordneten standen vor der Doppelaufgabe, erst einmal ein arbeits- und funktionsfähiges Parlament zu schaffen und zugleich unter enormem Zeitdruck gesetzgebende Entscheidungen von bislang ungekannter Tragweite zu treffen. Hinter der durchaus untypischen Arbeitsplatz-Beschreibung der Abgeordneten, sich „überflüssig" zu machen, stand nicht weniger als die Aufgabe, eine jahrhundertealte deutsche Hoffnung und ein vier Jahrzehnte währendes Versprechen einzulösen: Einigkeit und Recht und Freiheit.

Der 18. März 1990 steht als Datum in einer bemerkenswerten Traditionslinie der deutschen Geschichte. Dazu gehört die Proklamation der „Mainzer Republik" am 18. März 1793 unter dem Eindruck und Einfluss der Französischen Revolution und der Aufbruch zur Freiheit in den Berliner Barrikadenkämpfen 1848, wiederum am 18. März. Der Unterschied zu damals: Mit dem 18. März 1990 gingen die Deutschen den Weg zur deutschen Einheit in Frieden und Freiheit erfolgreich zu Ende.

III. Eine gute Verfassung in schlechter Zeit
Ehrgeiz und Scheitern der Weimarer Republik

Die Unterzeichnung der Weimarer Reichsverfassung am 11. August 1919 ist ein bedeutendes Ereignis der deutschen Geschichte, jedenfalls in der vergleichsweise kurzen Geschichte der mühsamen Entwicklung von Demokratie und Parlamentarismus in Deutschland. Ein herausragendes Ereignis der deutschen Demokratiegeschichte ist die Weimarer Nationalversammlung schon deshalb, weil sie der erste und einzige in Deutschland je allgemein und demokratisch gewählte Verfassungskonvent war. Sie war und bleibt verbunden mit der Einführung des Frauenwahlrechts, mit dem das politisch eher rückständige Deutschland sogar hochangesehenen, etablierten Demokratien in Nachbarstaaten voraus war – eine der wenigen nachhaltigen Errungenschaften der Weimarer Demokratie.

Die neue Verfassung des Deutschen Reiches wurde am 11. August 1919 vom Reichspräsidenten Friedrich Ebert unterzeichnet, übrigens nicht in Weimar, sondern in Schwarzburg, einem thüringischen Erholungsort, und zwar in einem Nebengebäude des Hotels „Weißer Hirsch", in dem Ebert wohnte. Im Unterschied zur Verfassung existiert das Hotel heute noch: ein dezenter Hinweis auf die relative Haltbarkeit bedeutender Institutionen des Staates und der Zivilgesellschaft.

Mit der Verkündung im Reichsgesetzblatt trat die Verfassung am 14. August in Kraft. Eine Woche später verabschiedete sich die Nationalversammlung aus Weimar, übernahm aber bis zum Zusammentreten des ersten Reichstages im Mai 1920 dessen gesetzgeberische Aufgaben.

Am Tage der Unterzeichnung der neuen Verfassung, am selben 11. August 1919, begannen in Berlin deutsch-polnische Verhandlungen über die Räumung der deutschen Ostgebiete, die im Versailler Vertrag Polen zugesprochen waren: eine wohl zufällige, aber symbolträchtige Koinzidenz zweier historischer Veränderungen der bisherigen Verhältnisse.

Der Vertrag von Versailles, der Frieden schaffen sollte, aber Unfrieden unter den Völkern Europas stiftete, lag wie ein Schatten über dem ehrgeizigen Versuch, nach der militärischen Niederlage und dem Sturz der Monarchie in die politische Moderne aufzubrechen durch den Aufbau einer parlamentarischen Demokratie, die tatsächlich nach wenigen Jahren scheiterte und in einer beispiellosen Katastrophe endete. Über die tragische Geschichte der Weimarer Verfassung und der von ihr begründeten Demokratie lässt sich nicht reden, jedenfalls nicht urteilen, ohne die Vorgeschichte und die Nachwirkungen des Versailler Vertrages, der mit ähnlichem Ehrgeiz verhandelt wurde und wie diese gescheitert ist.

„Unser Programm ist das Programm des Weltfriedens", hatte US-Präsident Woodrow Wilson vor Beginn der Pariser Konferenz verkündet; „wir wollten nicht nur den Frieden vorbereiten, sondern den ewigen Frieden", so der britische Diplomat Harold Nicholson. Dies ist leider gründlich misslungen.

Mit dem Friedensvertrag, den die Deutschen schließlich im Spiegelsaal von Versailles zu unterzeichnen hatten – mit Verpflichtungen und Bedingungen, die zum Rücktritt der Reichsregierung unter Führung von Philipp Scheidemann führten und den die Nationalversammlung gleichwohl mitten in den Beratungen über die Reichsverfassung am 9. Juli ratifizierte – verlor Deutschland ein Siebtel seines Territoriums von 1914 mit insgesamt einem Zehntel seiner Bevölkerung.

Das Rheinland wurde von den Siegermächten besetzt, Ostpreußen durch einen polnischen Korridor vom Reich abgetrennt; Danzig wurde zu einer Freien Stadt unter dem Schutz des Völkerbundes, dem ausgerechnet die Vereinigten Staaten, die mit Nachdruck für ihn geworben hatten, gar nicht erst beitraten; die deutschen Kolonien wurden unter den Siegermächten aufgeteilt. Damals haben die Siegermächte „die Karte Europas gezeichnet, wie sie mehr oder weniger heute noch gültig ist. Tatsächlich aber hat keiner der Unterzeichner die Auswirkungen des eigenen Handelns überblickt", kommentierte der frühere amerikanische Außenminister Henry Kissinger die doppelte Bedeutung des Versailler Vertrages über die unmittelbaren Regelungsabsichten hinaus.

Ob beabsichtigt oder unbeabsichtigt – neben den materiellen Lasten und territorialen Abtretungen hatte insbesondere der Kriegsschuldartikel 231, der als einseitige Schuldzuweisung gegenüber Deutschland und seinen Verbündeten verstanden wurde und auch so gemeint war, politisch-psychologische Auswirkungen, die die Lebenskraft der Weimarer Republik von Beginn an beeinträchtigten. Er wirkte wie die amtliche Bestätigung der von Nationalisten und Nationalsozialisten mit diabolischem Eifer verbreiteten Dolchstoßlegende.

Die Wahlen zur Nationalversammlung fanden am 19. Januar 1919 statt, genau einen Tag nach der Eröffnung der Pariser Friedenskonferenz unter Vorsitz des französischen Ministerpräsidenten Georges Clemenceau und ohne Beteiligung Deutschlands und seiner Kriegsverbündeten.

Von den 423 Mandaten der Nationalversammlung entfielen
   165 (39 %) auf die SPD;
    91 (22 %) auf das Zentrum;
    75 (18 %) auf die Deutsche Demokratische Partei;
    44 (10 %) auf die Deutschnationale Volkspartei;

22 (5 %) auf die Unabhängigen Sozialdemokraten;
18 (4 %) auf die Deutsche Volkspartei;
4 (1 %) auf den Bayerischen Bauernbund;
4 (1 %) auf sonstige Gruppierungen.

Dem Parlament gehörten erstmals 26 Frauen an. Die Zusammensetzung nach Berufen und Beschäftigungsverhältnissen zeigt dagegen im Vergleich zu früheren wie späteren Volksvertretungen keine auffälligen Unterschiede.

Zur feierlichen Eröffnung der Nationalversammlung am 6. Februar 1919, nachmittags um 15.00 Uhr, war nach Berichten von Zeitzeugen „die halbe Stadt auf den Beinen". Die damals 37.000 Einwohner zählende Stadt wuchs vorübergehend um rund 4.000 Gäste. Trotz mancher Besorgnisse wegen der erwarteten Schwierigkeiten bei der Unterbringung und Verpflegung der Parlamentarier und ihrer Begleitung fühlten sich viele Bürger Weimars zugleich geschmeichelt und aufgewertet. „Wir wollen nicht in Abrede stellen, dass dies in der Geschichte Weimars ein Ereignis bildet, das geeignet ist, den Namen der Stadt vielleicht für Jahrhunderte von Neuem berühmt zu machen" („Weimarische Zeitung").

Zunächst war daran gedacht, das Weimarer Schloss für die Nationalversammlung zu nutzen – ein ebenso origineller wie zweifelhafter Austragungsort zur Ablösung der monarchischen durch eine demokratische Staatsverfassung; ebenso war – als Reverenz an die erste Nationalversammlung in der Frankfurter Paulskirche – die Herderkirche im Gespräch. Schließlich einigte man sich auf das Theater, das noch rasch in „Deutsches Nationaltheater" umbenannt wurde. Das Theatergestühl wurde für die parlamentarische Versammlung entfernt, dafür wurden die Sessel aus dem Berliner Reichstagsgebäude aufgestellt.

Friedrich Ebert eröffnete – noch als Vorsitzender des Rates

der Volksbeauftragten – die Versammlung. In seiner Rede beschwor er den „Geist von Weimar": „Die alten Grundlagen der deutschen Machtstellung sind für immer zerbrochen. Die preußische Hegemonie, das hohenzollernsche Heer, die Politik der schimmernden Wehr sind bei uns für alle Zukunft unmöglich geworden. Wie der 9. November 1918 angeknüpft hat an den 18. März 1848, so müssen wir hier in Weimar die Wandlung vollziehen vom Imperialismus zum Idealismus, von der Weltmacht zur geistigen Größe … Jetzt muss der Geist von Weimar, der Geist der großen Philosophen und Dichter, wieder unser Leben erfüllen."

Die Wahl Weimars als Tagungsort der Nationalversammlung sollte den neuen demokratischen Staat mit den Traditionen des deutschen Idealismus verbinden. Neben Weimar standen damals auch Jena, Erfurt, Eisenach, Kassel, Bayreuth, Bamberg, Würzburg und Nürnberg zur Diskussion, und natürlich Frankfurt – allesamt honorige Adressen. Tatsächlich war die Wahl Weimars als Sitz der Nationalversammlung aus der Not der Berliner Turbulenzen geboren, nicht aus dem Geist des Idealismus.

„Dass die Wahl auf Weimar fiel, war auch ein Zeichen von Wunschdenken", wie Peter Gay in seinem Buch „Die Republik der Außenseiter" zutreffend analysiert: „Dass man einen Staat in Goethes Stadt gründete, gab keine Gewähr für einen Staat im Geiste Goethes. Es garantierte nicht einmal seinen Bestand. Die Republik wurde in der Niederlage geboren, lebte in Aufruhr und starb in der Katastrophe."

Die Berufung auf den „genius loci" von Weimar war demonstrativ und sehr bemüht; sie illustriert einmal mehr das nicht erst in der Moderne notorisch schwierige Verhältnis von Politik und Kultur. Immerhin: Die Kunstfreiheit wurde zur Grundmaxime demokratischer Kulturpolitik erklärt. Gegenüber der Verfassung von 1871 war bei den Freiheitsgarantien nicht nur die Kunst zur Wissenschaft hinzugekommen, sondern daran anschließend die Verpflichtung des Staates zu ihrem Schutz und ihrer Pflege eingeführt worden. „Die Kunst, die Wissenschaft und ihre Lehre sind frei. Der Staat gewährt ihnen Schutz und nimmt an ihrer Pflege teil" (Art. 142 WRV). Auch diese Selbstverpflichtung der Weimarer Verfassung gehört zu den nachhaltigen Errungenschaften der deutschen Demokratie.

Die Arbeit an der Verfassunggebung in Weimar verlief im Ganzen sachlich, nüchtern und mit großem Engagement der Abgeordneten. Davon zeugen sowohl die Verhandlungsprotokolle als auch deren Ergebnis. In 87 Plenarsitzungen wurden die wichtigsten Fragen der künftigen politischen Verfassung Deutschlands debattiert und entschieden. Am 31. Juli wurde die Reichsverfassung verabschiedet mit 262 gegen 75 Stimmen, am 14. August trat sie in Kraft. Gleichzeitig wurde auch die schwarz-weiß-rote Flagge durch die Farben der deutschen Freiheits- und Einheitsbewegung aus der Zeit vor der Frankfurter Paulskirche ersetzt: Schwarz – Rot – Gold.

Die Ausgangslage für die Arbeit der Nationalversammlung und den Aufbau einer stabilen demokratischen Republik war alles andere als günstig. Als die Parlamentarier zusammentraten, fanden sie die Hinterlassenschaft einer gescheiterten Monarchie und eines verlorenen Krieges vor. Für die notwendige Neuorganisation der Staatsgewalt in Gestalt einer demokratischen Republik gab es keine Entwürfe und keine Vorbilder. Soweit es in den Jahren zuvor überhaupt Verfassungsdebatten gegeben hatte beziehungsweise Forderungen nach Verfassungsreformen, galten sie dem Kaiserreich und nicht einer Republik, die damals gar nicht zur Debatte stand. Manche Reformerwartungen hatten sich im Übrigen in den sogenannten Oktoberreformen des turbulenten Jahres 1918 bereits erledigt.

In manchen Anliegen konnte man an die Paulskirchenverfassung anknüpfen, insbesondere im Blick auf Grundrechte. Der durchaus eindrucksvolle Katalog der Grundrechte galt in der Weimarer Verfassung freilich nur nach Maßgabe der Gesetze, stand also zur Disposition des Gesetzgebers. Dagegen hat das Grundgesetz bekanntlich umgekehrt alle Gesetze an die Grundrechte gebunden und damit erstmals alles staatliche Handeln nur nach Maßgabe der Verfassung legitimiert und deren Auslegung einem eigenen, unabhängigen Verfassungsgericht übertragen.

Die Weimarer Verfassung hat gleichwohl beachtliche Verdienste in der Verankerung der demokratischen Legitimation staatlicher Machtausübung. Dies kommt in den Wahlen zu den Parlamenten wie des Reichspräsidenten zum Ausdruck, in der Verantwortung der Regierung vor dem Parlament wie auch in demokratischen Ansprüchen an die Sozialverfassung. Ganz besonders gilt dies für die Ausgestaltung des Wahlrechts, das die Unmittelbarkeit, Gleichheit und Geheimhaltung der Stimmabgabe und erstmals die Wahlberechtigung der Frauen vorsah.

Diese Regelungen haben die erste deutsche Republik ebenso überdauert wie die Weimarer Kirchenartikel, die Bestandteil des Religions- und des Staatskirchenrechts des Grundgesetzes geworden und geblieben sind.

Die weitverbreitete Kritik an der Weimarer Verfassung begann nicht erst nach 1945 in Verbindung mit dem zweiten Versuch eines demokratischen Neubeginns. Sie war schon in den 20er Jahren deutlich zu hören, keineswegs nur von Anhängern der radikalen Parteien. So erklärte zum Beispiel Reichswehrminister Otto Geßler, der für die liberale DDP über acht Jahre verschiedenen Reichsregierungen angehörte, man habe „in unserer Reichsverfassung die unzweckmäßigsten Bestimmungen anderer Verfassungen zusammengestoppelt". Darüber lässt sich durchaus streiten. Unbestreitbar sind die uneingelösten, teilweise wirklichkeitsfremden Erwartungen und die Distanz zwischen den großen Zielen und den bescheidenen Ergebnissen, die im Laufe der Jahre immer größer wurde.

Das Jubiläum der Weimarer Verfassung hat eine beachtliche Anzahl neuer Studien veranlasst, die sich um eine differenzierte Beurteilung der Entstehungsbedingungen, Absichten und Wirkungen dieser Verfassung auch im internationalen Vergleich bemühen. „Eine gute Verfassung mit schlechtem Image" – unter diesem Titel befasst sich der Bielefelder Rechtswissenschaftler Christoph Gusy kritisch mit der landläufigen Kritik. Die Weimarer Verfassung sei „eine gute Verfassung in schlechter Zeit". Tatsächlich ist die Verfassung der Weimarer Republik besser als ihr Ruf; sie hatte als Dokument eines demokratischen Erneuerungswillens manche Vorzüge, aber auch erhebliche Schwächen.

Die „demokratischste Demokratie der Welt", wie der damalige Reichsinnenminister Eduard David voreilig schwärmte, wurde Weimar nicht. Ein absurder Anspruch im Übrigen, der zu den maßlosen Erwartungen gehörte, denen die neue Republik gar nicht entsprechen konnte.

Die Weimarer Reichsverfassung war sicher gut gemeint, aber nicht wirklich gut gelungen. Sie war zweifellos besser als die damaligen Verhältnisse, vielleicht zu gut für schwierige Zeiten – also nicht gut genug für die Verhältnisse, die sie ordnen sollte.

Das uneingeschränkte Verhältniswahlrecht der neuen Republik wollte die Beteiligung auch von Minderheiten an der parlamentarischen Entscheidungsfindung sichern, hat durch den Verzicht auf jede Sperrklausel aber die Entwicklung eines funktionsfähigen Parteiensystems nicht befördert, sondern behindert und die parlamentarische Willensbildung erschwert. Allerdings hat sich in Preußen unter dem gleichen Verhältniswahlrecht das entwickelt, was im Weimarer Reichstag kaum je vorhanden war: stabile, handlungsfähige Regierungen, die von

Parteien mit hohem Verantwortungsgefühl getragen waren. Das Wahlrecht allein kann die Fehlentwicklungen dieser Zeit also weder verursacht haben noch erklären.

Der wohl folgenreichste Konstruktionsfehler der Weimarer Verfassung war die fehlende Balance zwischen den Verfassungsorganen. Die juristisch kunstvolle, politisch eher künstliche Gewichtsverteilung der zentralen Institutionen und ihrer Kompetenzen – Reichspräsident und Reichskanzler, Reichstag und Regierung, dazu die Möglichkeit von Plebisziten anstelle parlamentarischer Entscheidungen – hat eine längerfristig angelegte Arbeit der Regierung geradezu verhindert, da sie zwischen den jeweils durch Wahl direkt legitimierten Verfassungsorganen Präsident und Parlament immer wieder aufgerieben wurde. Die regelmäßigen vorzeitigen Auflösungen des Reichstages vor Ende der gesetzlichen Legislaturperiode sind Ausdruck dieser strukturellen Instabilität.

Sie wurde begünstigt durch den berüchtigten Artikel 48 der Verfassung, die dem Reichspräsidenten ein Notverordnungsrecht zugestand, das sich mit der zunehmenden Handlungsunfähigkeit des Reichstages immer mehr zu einer Ersatzgesetzgebung entwickelte.

In den knapp 14 Jahren der Weimarer Republik stürzten 16 Regierungen mit einer durchschnittlichen Amtszeit von acht (!) Monaten, mit zwölf Kanzlern und 20 Kabinetten. Die längste durchgehende Regierungszeit eines Kabinetts betrug 636 Tage (Hermann Müller, 1928–1930), die kürzeste ganze 48 Tage (2. Kabinett Gustav Stresemann 1924). Die Weimarer Republik scheiterte – neben institutionellen Mängeln einer nur auf dem Papier eindrucksvollen Gewaltenteilung – nicht nur am Fehlen einer unangefochtenen, den Staat als Ganzes repräsentierenden republikanischen Autorität, sondern auch und vor allem an einer Serie politischer Fehlleistungen von Wählern und Gewählten, denen das wirklich Wichtige nicht wichtig genug und das eigene Interesse allzu wichtig war.

Die politische Kultur der Weimarer Republik litt von Beginn an unter dem weitverbreiteten Zweifel über die Vorzüge und die Bedingungen einer parlamentarischen Demokratie. Diese Skepsis war genährt von Vorbehalten gegenüber dem Prinzip der Repräsentation und vom Misstrauen in pluralistisch-demokratische Entscheidungsprozesse. Das bei den Wählern wie bei ihren Repräsentanten verbreitete Unverständnis für die Notwendigkeit von Kompromissen als der vielleicht wichtigsten demokratischen Tugend stürzte 1930 die letzte von einer parlamentarischen Mehrheit getragene Reichsregierung. Sie stürzte übrigens über die Unfähigkeit einer Einigung über die Erhöhung der Arbeitslosenversicherungsbeiträge.

Damals waren in der bestehenden Großen Koalition aus SPD, Zentrum, Deutscher Volkspartei, Deutscher Demokratischer Partei und Bayerischer Volkspartei die jeweiligen Parteiinteressen stärker als die gemeinsame Verantwortung für stabile politische und wirtschaftliche Verhältnisse. Schließlich wurde einmal mehr eher das Scheitern der Regierung in Kauf genommen als der Konflikt mit der eigenen Klientel.

Danach bestimmte nicht mehr das Parlament über gesetzliche Regelungen, sondern der Reichspräsident über die sogenannten Notverordnungen. Der Reichstag hatte sich als Gesetzgebungsorgan längst aufgegeben, bevor er mit der Zustimmung zu Hitlers „Ermächtigungsgesetz" seine eigene Abdankung beurkundete. Die Republik von Weimar ist keineswegs nur an ihren vielen Gegnern, die es zweifellos gab, zugrunde gegangen, sondern auch und vor allem durch das Versagen ihrer demokratischen Stützen.

Es ist nicht unbedingt tröstlich, aber doch redlich, darauf hinzuweisen, dass in keinem der im Ersten Weltkrieg unterlegenen Staaten die neuen parlamentarischen Systeme die stürmischen Zeiten zwischen den beiden Kriegen überlebt haben. Ihre Verfassungen waren keineswegs gleich, eher schon ihre politischen und wirtschaftlichen Herausforderungen. Für die gelegentlich allzu vordergründige Suche nach Kausalitäten ist dies jedenfalls nicht belanglos.

Für das Scheitern der Weimarer Republik gibt es viele Gründe, die Mängel ihrer Verfassung gehören wohl dazu. Theodor Heuss, der ihren Aufbau wie ihre Auflösung persönlich erlebt und politisch begleitet hat, verwies während der Beratungen des Parlamentarischen Rates 1948 auf die „offenkundigen Fehlkonstruktionen in der Weimarer Verfassung selber".

Aber es waren weder allein die institutionellen Strukturfehler noch der Versailler Vertrag, weder die Reparationszahlungen am Anfang und die Weltwirtschaftskrise am Ende, nicht einmal das Elend einer steigenden Massenarbeitslosigkeit, gewiss nicht die versäumte Demokratisierung von Justiz und Verwaltung oder das Fehlen eines unabhängigen Verfassungsgerichts. Und auch nicht die Plebiszite: Gegen Volksabstimmungen gibt es durchaus beachtliche Argumente, aber dass sie die erste parlamentarische Demokratie in Deutschland zerstört hätten, lässt sich nicht ernsthaft vortragen.

Tatsächlich hätte die junge Republik die eine oder andere der genannten Belastungen vielleicht bewältigen können; unter der geballten Gleichzeitigkeit der Herausforderungen wie der eigenen Fehler ist sie zusammengebrochen.

Die Weimarer Republik war – im Unterschied zu den Verhältnissen davor und danach – eine Demokratie, natürlich nicht ohne Demokraten, wie später allzu geringschätzig immer wieder behauptet wurde, aber gewiss mit zu wenig engagierten Demokraten; sie war eine Republik, in der die Republikaner nie eine verlässliche Mehrheit hatten – nicht einmal für die

Wahl des Staatsoberhauptes. Insofern war ihr Ende weder zwangsläufig noch zufällig.

Die Demokratie ist ein ebenso ehrgeiziges wie gefährdetes politisches System, das im Unterschied zu anderen Staatsformen den selbstgesetzten Ansprüchen um den Preis des Überlebens auch gerecht werden muss. Soweit sich aus der Geschichte lernen lässt, ist dies die wichtigste Lektion, die Weimar nicht nur den Deutschen hinterlassen hat.

IV. Der Schein der Legalität
Die Selbstauflösung der Demokratie 1933

Als am 10. Mai 1933 mitten in der Hauptstadt unter staatlicher Regie und Aufsicht 20.000 Bücher verbrannt wurden, darunter die Werke der bedeutendsten deutschen Schriftsteller und Publizisten, direkt neben der Staatsoper Unter den Linden, vor der Hedwigs-Kathedrale, gegenüber der Humboldt-Universität – ein bizarres Staatsschauspiel vor der unglaublichen Kulisse der Berliner Repräsentationsbauten von Kunst, Kirche und Wissenschaft –, war das sogenannte Tausendjährige Reich gerade einmal hundert Tage alt. Damals hatte das neue Regime innerhalb weniger Wochen nach einem legalen Regierungswechsel schon beinahe alles durchdekliniert, was die nächsten zwölf Jahre bestimmen sollte: Rechtsbruch, Verfassungsbruch, Zivilisationsbruch.

Mit dem Weg in die nationalsozialistische Diktatur verbindet sich eine Reihe bedeutsamer Gedenktage. Die Zeit des NS-Regimes hat am 30. Januar 1933 begonnen – die Auflösung der Weimarer Republik zweifellos früher. Das eine ist aber ohne das andere nicht erklärbar.

Am 10. April 1932 gewann im zweiten Wahlgang der greise Paul von Hindenburg als Amtsinhaber die Reichspräsidentenwahl. Um Hitler zu verhindern, hatten sich alle demokratischen Parteien hinter diesen Mann gestellt, der als bekennender Monarchist sieben Jahre zuvor gegen ihren begründeten Widerstand mit den Stimmen der Republikfeinde ins Amt gehoben worden war.

Dass die Republik von Weimar neben vielen anderen Problemen gewiss zu wenig überzeugte und engagierte Demokraten hatte – bis in die Spitzen der Verfassungsorgane hinein –, gehört zu ihren größten Belastungen, unter denen sie schließlich zusammengebrochen ist.

In einer beispiellosen Radikalisierung der politischen Auseinandersetzung, mit der sich in Straßen- und Saalschlachten zunehmend der Eindruck eines begonnenen Bürgerkrieges verbreitete und Pöbeleien und Prügeleien als Obstruktionsstrategie der Republikfeinde zum parlamentarischen Alltag wurden, wuchs sich die Missachtung des Reichstages zu einer Parlamentsverachtung breiter Bevölkerungsschichten aus, die schließlich auch im Parlament selbst immer hemmungsloser zum Ausdruck kam. Das Versagen auch der demokratischen Kräfte gehört zu den Ursachen des Siegeszuges der Nationalsozialisten. Am 30. Januar 1933 wurde an die Spitze der ersten deutschen Republik ein Mann gestellt, der diese nicht nur öffentlich verhöhnte, sondern auch geschworen hatte, sie zu vernichten. „Ich prophezeie feierlich", äußerte sich nach der Machtübernahme der Nationalsozialisten ein prominenter Zeitgenosse, der über persönliche Erfahrungen mit Hitler verfügte, „dass dieser unselige Mann unser Reich in den Abgrund stürzen und unsere Nation in unfassbares Elend bringen wird." Es war General Erich Ludendorff, der nur zehn Jahre zuvor noch maßgeblich an Hitlers Marsch auf die Feldherrnhalle in München und am damals missglückten Umsturzversuch beteiligt gewesen war.

Illusionen über die künftigen Verhältnisse hätte niemand haben dürfen. Adolf Hitler hatte nie einen Zweifel daran gelassen, was er mit der Macht anstellen würde, wenn er sie erst erlangt hätte. Im sogenannten Ulmer Reichswehrprozess hatte er 1930 nicht zum ersten und nicht zum letzten Mal offen erklärt, die NSDAP werde, sollte sie an die Macht kommen, die Weimarer Verfassung auf legalem Wege in eine völlig andere staatliche Grundordnung umformen.

Viel Zeit hat er sich dafür nicht genommen. Mit seinem Einzug in die Reichskanzlei begann die systematische Zerstörung einer Demokratie, der seine Partei unmissverständlich den Kampf angesagt hatte. In dieser Republik, der es erkennbar an Demokraten fehlte, war der Anspruch auf politische Teilhabe des Volkes bereits seit 1930 unterlaufen. Mit den Präsidialregierungen auf der Grundlage des Artikels 48 der Weimarer Reichsverfassung war die parlamentarische Demokratie weitgehend ausgeschaltet. Die präsidialen Notverordnungen hatten immer häufiger die Gesetzgebung unter parlamentarischer Kontrolle verdrängt. Nach den Juliwahlen 1932 tagte der Reichstag gerade noch zweimal – Hermann Göring war inzwischen Reichstagspräsident –, nach den Neuwahlen vom November dreimal.

Vor diesem Hintergrund entwirft die vom NS-Regime geprägte, bis heute oft wiederholte Behauptung, die Nationalsozialisten hätten 1933 in einer Demokratie mit demokratischen Mitteln die Demokratie besiegt, ein allzu simples Bild der politischen Realitäten am Ende der Weimarer Republik. Ebenso ist der zeitgenössische zynische Kommentar Oswald Spenglers, die Machteroberung der Nationalsozialisten sei kein Sieg gewesen, denn es hätten die Gegner gefehlt, schlicht falsch. Vielmehr wurde unmittelbar mit dem Machtantritt am 30. Januar unter Berufung auf die erlassenen Notverordnungen mit beispiellosem politischem Terror der Weg in die Diktatur eingeschlagen. 500 bis 600 Regimegegner wurden bereits damals ermordet. Allein in Preußen kam es im März/April zu Festnahmen von annähernd 30.000 politischen Gegnern, die Mehrzahl von ihnen Kommunisten.

Der Reichstagsbrand am 27. Februar und – in dessen unmittelbarer Folge – die Außerkraftsetzung der Grundrechte durch die „Verordnung zum Schutz von Volk und Staat", die Reichspräsident Paul von Hindenburg auf Antrag der Reichsregierung schon am folgenden Tag erließ, boten Anlass und Mittel zur verschärften staatlichen Verfolgung politischer Gegner, zur brutalen Zerschlagung jeder Opposition in den Parteien, den Gewerkschaften, den Kirchen und unter den Intellektuellen. Sie wurden politisch kaltgestellt, verfolgt, in Gefängnisse verschleppt, aus dem Land getrieben, ermordet.

Von insgesamt 1.583 damals noch lebenden amtierenden oder ehemaligen Reichstagsabgeordneten mussten nach dem 30. Januar 1933 über 300 massive Behinderungen und soziale Einbußen hinnehmen, wurden aus ihren Berufen verdrängt und um ihr Vermögen gebracht. Wenigstens 416 Mandatsträger wurden von der Justiz verurteilt und von SA oder SS inhaftiert, mindestens 73 kamen während dieser Haft ums Leben. Nicht weniger als 167 ehemalige Parlamentarier waren ab 1933 zur Ausreise gezwungen. Von sechs Parlamentariern ist bekannt, dass sie in den Selbstmord getrieben wurden.

Unter den noch am 28. Februar 1933 in sogenannte Schutzhaft genommenen Literaten und Publizisten befanden sich Carl von Ossietzky, Erich Mühsam und Egon Erwin Kisch. Noch am selben Tag verließen Bertolt Brecht und Alfred Döblin Berlin. Mit der Machtübernahme war bereits Lion Feuchtwanger von einer Vortragsreise im Ausland nicht mehr zurückgekehrt, ebenso Albert Einstein. Am 11. Februar war Thomas Mann ins Exil gegangen. Viele prominente Persönlichkeiten aus Politik, Wissenschaft und Kultur, aber auch Betroffene aller Bevölkerungsschichten, insbesondere deutsche Juden, folgten diesem Beispiel. Die Emigration aus Deutschland nach 1933 umfasste annähernd eine halbe Million Menschen; schätzungsweise 30.000 davon sind als aktive Regimegegner geflohen.

Unter diesen Bedingungen fanden die Hitler zugesagten Neuwahlen zum Reichstag am 5. März 1933 statt, die den politischen Behinderungen und dem massiven Straßenterror zum Trotz der NSDAP mit 44 Prozent weniger und den Parteien der

Linken mit einem Drittel der Stimmen mehr als erwartet einbrachten.

Das „Gesetz zur Behebung der Not von Volk und Reich", das als „Ermächtigungsgesetz" in die Geschichte einging, zementierte am 23. März 1933 die nationalsozialistische Diktatur. Es wurde in einem Parlament verabschiedet, in dem die Mandate der KPD in einem offenen Verfassungsverstoß als nichtexistent behandelt wurden, einem Parlament, in dem die neuen Machthaber die Geschäftsordnung handstreichartig geändert hatten, um der NSDAP die nötige Mehrheit zu sichern, die sie selbst unter den Bedingungen der Wahl vom März 1933, die weder frei noch fair war, allein nicht erzielt hatte.

Weder die breite Öffentlichkeit noch die meisten Vertreter der Parteien und Verbände hatten die ganze Dimension und die weitgehenden Folgen dieses Gesetzes erkannt, das an Tragweite alle Ermächtigungen übertraf, die das Parlament jemals einer Regierung bewilligt hatte. Ohne jede parlamentarische Kontrolle war den Befugnissen der Reichsregierung künftig keine rechtliche Schranke mehr gezogen. Die Regierung, nicht das Parlament, war künftig befugt, Gesetze zu „erlassen", die auch von der Verfassung abweichen konnten – und sollten. Dies bedeutete das Ende des Rechtsstaates mit Folgen nicht nur für die staatliche Ordnung, sondern auch für das Leben jedes einzelnen Bürgers.

Im „Völkischen Beobachter" lieferte zu dieser Zeit eine kleine Meldung eine Vorahnung dafür, was in einem nie gesehenen Terrorsystem enden sollte. Sie kündigte die Errichtung eines ersten Konzentrationslagers mit einem Fassungsvermögen für 5.000 Menschen in der Nähe von Dachau an, wo „ohne Rücksicht auf kleinliche Bedenken" die kommunistischen, aber auch sozialdemokratische Funktionäre untergebracht werden sollten.

Der Artikel erschien am 21. März 1933. An diesem sogenannten Tag von Potsdam reichten sich in der Potsdamer Garnisonskirche die Republikgegner über dem Grab Friedrichs des Großen und 62 Jahre nach der ersten Reichstagseröffnung durch Bismarck die Hand. Es war die symbolische Versöhnung von einer am Kaiserreich orientierten konservativ-reaktionären Tradition mit der vermeintlich „nationalsozialistisch-revolutionären Erneuerung". Diese beinahe operettenhafte Potsdamer Inszenierung ging dem tragischen Schauspiel in der Kroll-Oper am 23. März voraus. Hier folgte – schon unter der demonstrativen, doppelt symbolkräftigen Dekoration eines riesigen Hakenkreuzes auf der Stirnwand einer als Parlamentssaal ausstaffierten Opernbühne – der Auslieferung des Staates durch die konservativ-reaktionären Machteliten Ende Januar die Selbstaufgabe des Parlaments zugunsten der Regierung, einer Regierung, deren Kanzler den Reichstag noch unmittelbar vor der Abstimmung mit der unglaublichen Herablassung düpierte, sie – die Regierung – behalte sich „auch für die Zukunft vor, ihn von Zeit zu Zeit über ihre Maßnahmen zu unterrichten oder aus bestimmten Gründen, wenn zweckmäßig, auch seine Zustimmung einzuholen". Das deprimierende Protokoll dieser Reichstagssitzung kann heute auch und gerade denjenigen als abschreckendes Beispiel für die mutwillige Zerstörung einer Demokratie dienen, die die damaligen Verhältnisse in Deutschland, wenn überhaupt, nur vom Hörensagen kennen.

Staatshörigkeit und Legalitätsglaube, vage Zusicherungen und Versprechen, politische Einschüchterung und brutale Bedrohung brachten die Zustimmung der notwendigen Zweidrittelmehrheit. Das Ermächtigungsgesetz war im bürgerlichen Lager das Ergebnis von Erpressung, Täuschung und Selbsttäuschung, sagt der Historiker Heinrich August Winkler: „Der Schein der Legalität förderte den Schein der Legitimität und sicherte dem Regime die Loyalität der Mehrheit, darunter, was besonders wichtig war, der Beamten."

47

Bei der Abstimmung im Reichstag fehlten 107 Abgeordnete: die 81 Fraktionsmitglieder der KPD und auch 26 Abgeordnete der SPD, die bereits in Haft saßen oder sich aus berechtigter Angst um ihr Leben auf der Flucht befanden. Es ist das historische Verdienst der 94 verbliebenen sozialdemokratischen Abgeordneten, mit großem persönlichem Mut der Repression widerstanden zu haben. Sie weigerten sich, dem gewalttätigen Umsturz hinter der Fassade einer scheinbaren parlamentarischen Normalität den Ausweis von Legalität zu geben. Sie sind damit – die meisten von ihnen damals wie heute der breiten Öffentlichkeit unbekannt – zu stillen Helden der Demokratie und des Parlamentarismus in Deutschland geworden.

Einer von ihnen war Paul Löbe, langjähriger Präsident des Reichstages, später Alterspräsident des ersten Deutschen Bundestages; er wertete das Ermächtigungsgesetz 1949 als einen „illegalen Akt" und den Widerstand dagegen als „eine patriotische Tat". Als das wollen und werden wir es in ehrendem Gedenken behalten.

Der Fraktionsvorsitzende der SPD, der Abgeordnete Otto Wels, sprach die letzten wirklich freien Worte im Deutschen Reichstag, der damals in diesem Gebäude schon nicht mehr zusammentreten konnte und nach dieser Sitzung auch nicht mehr gebraucht wurde. Angesichts der Machtlosigkeit und des Verlustes an Freiheit reklamierte er für alle im Widerstand stehenden Deutschen nur mehr die Ehre, die offensichtlich mehr als eine „Sekundärtugend" ist.

Auf sie bezog sich auch der nach Österreich emigrierte Schriftsteller Oskar Maria Graf, als im Mai 1933 in über 50 deutschen Städten – übrigens auf Initiative der Deutschen Studentenschaft – die Bücher von mehr als 250 Autoren verhöhnt und auf dem Scheiterhaufen verbrannt wurden, darunter die Werke der Gebrüder Mann, von Bertolt Brecht, Stefan Zweig, Alfred Döblin, Lion Feuchtwanger, Erich Kästner, Carl von Ossietzky und Kurt Tucholsky. „Diese Unehre habe ich nicht verdient!", hieß es in Grafs öffentlichem Aufschrei, als er sich selbst auf der Liste verfemter Schriftsteller nicht fand. Joseph Roth hatte schon ein Jahr vor diesem Akt der Unkultur gegenüber Freunden geäußert: „Sie werden unsere Bücher verbrennen und uns damit meinen." In seinem Fall meinte dies zweierlei: den Intellektuellen und den Juden. Nur eine knappe Woche nach dem Ermächtigungsgesetz, am 1. April 1933, zeigte sich die menschenverachtende Rassenideologie in einer von den neuen Machthabern gesteuerten und reichsweit durchgeführten Aktion gegen die deutschen Juden. Der Boykott jüdischer Geschäfte, der von nackter Gewalt auf offener Straße begleitet war, und das Gesetz zur Wiederherstellung des Berufsbeamtentums, mit dem Beamte „nicht-arischer Abstammung" in den Ruhestand versetzt wurden, bildeten das unübersehbare Fanal einer brutalen Ausgrenzung, die in die Vernichtungslager führen sollte. Den Frontalangriff der Nationalsozialisten auf die Menschenrechte zeichnete Joseph Goebbels in seinem Boykottaufruf in gewohnt großen historischen Linien. Seine Parole, das Jahr 1789 aus der Geschichte zu streichen, machte deutlich: In Abkehr von den westlichen Prinzipien – Toleranz, individuelle Freiheit, Gewaltenteilung, Demokratie und Rechtsstaat – meinte die Idee der Nation im NS-Verständnis die Volksgemeinschaft in einem autoritär geführten Staat. Der ausdrückliche Abschied von der unantastbaren Würde des Menschen führte schließlich in den Holocaust als beispielloses Menschheitsverbrechen.

Das Jahr 1933 lässt sich ebenso wenig aus der Geschichte streichen wie irgendein anderes davor oder danach. So weit reicht der maßlose Anspruch auch von Despoten nicht. Aber er reicht erschreckend weit: Am 2. Mai, unmittelbar nach dem Tag der Arbeit, wurden überall in Deutschland die Gewerkschaftshäuser gestürmt, am 22. Juni wurde die SPD verboten, die anderen Parteien lösten sich scheinbar freiwillig auf. Schon Mitte des Jahres, nach gerade einmal fünf Monaten, war das Parteiensystem – wie angekündigt – beseitigt, die NSDAP die einzig verbliebene selbständige Organisation. Bis dahin waren ihr mehr als 1,5 Millionen Menschen als Mitglieder beigetreten – mehr, als heute alle demokratischen Parteien in Deutschland zusammen an Mitgliedern haben. Freie Wahlen haben danach nicht mehr stattgefunden. Es fehlten dafür inzwischen auch sämtliche Voraussetzungen.

Die Auflösung der Weimarer Demokratie hat nicht erst am 30. Januar begonnen. Die Ernennung Adolf Hitlers zum Reichskanzler war eben nicht der Anfang vom Ende, sondern der Abschluss einer langen politischen Agonie, die, als „nationale Erhebung" gefeiert, in den nationalen Untergang führte.

Zu dieser fast unbegreiflichen Entwicklung beigetragen hat nicht zuletzt ein erschreckender Mangel an Einsicht und Zivilcourage auch bei prominenten Vertretern der Wirtschaft, der Medien, der Kirchen wie der Universitäten. Die Weimarer Zeit kennzeichnete in Politik, Verwaltung, Justiz und Kultur ein gewiss facettenreiches, in seinem Kern aber oft antidemokratisches Denken. Das machte auch und gerade vor den Universitäten und der Wissenschaft nicht halt. Im Gegenteil: Die Deutsche Forschungsgemeinschaft hat dokumentiert, dass viele Wissenschaftler in Deutschland keineswegs erst hätten gleichgeschaltet werden müssen. Vielmehr habe sich „die Mehrheit geradezu aufgedrängt, nationalsozialistische Politik zu gestalten, und das häufig schon in den 20er Jahren, ganz ohne Not".

Dass Berlin nicht Weimar ist, so wie Bonn nie Weimar wurde, manifestiert sich nicht zuletzt in dem großen Konsens, mit dem wir heute auf das Jahr 1933 und seine Lektionen zurückblicken. Der deutsche Parlamentarismus ist auch heute nicht unangefochten, aber er erweist sich als robuster und vitaler als gemeinhin vermutet – vielleicht nicht ganz so stark, wie er sein könnte, und nicht immer so selbstbewusst, wie er gelegentlich sein sollte. Doch wo hatten und haben im internationalen wie im historischen Vergleich Parlamente ähnlich viel oder gar mehr Einfluss auf die Bildung und die Kontrolle von Regierungen, auf die Gesetzgebung und die öffentliche Meinung als in Deutschland heute?

Aus der Doppelerfahrung des Scheiterns von Weimar und der nationalsozialistischen Diktatur begründete sich der den westlichen Werten verpflichtete Geist des Grundgesetzes: der Schutz der individuellen Freiheitsrechte, die Mitwirkung des Bürgers in einer pluralistisch und repräsentativ verfassten parlamentarischen Demokratie und die Verhinderung einer verselbständigten Staatsgewalt. Die Väter und Mütter des Grundgesetzes im Parlamentarischen Rat wollten als Lehre von Weimar nicht allein die Funktionsfähigkeit des Regierungssystems verbessern. In ihren Verfassungsberatungen leitete sie vor allem das Ziel einer wehrhaften Demokratie, in der sich demokratische Freiheiten nicht für die Zerstörung der freiheitlichen Demokratie missbrauchen lassen sollten. Während in der Weimarer Reichsverfassung die Grundrechte nur nach Maßgabe der Gesetze galten, sind sie im Grundgesetz unmittelbar geltendes, gerichtlich durchsetzbares Recht und damit verbindliche Orientierung für die Gesetzgebung.

Die Weimarer Verfassung hatte bei ihrer durchaus ehrgeizigen Formulierung naturgemäß noch nicht die Erfahrung ihres späteren Scheiterns, die wiederum zur prägenden Orientierung der Schöpfer des Bonner Grundgesetzes führte, die neue politische Ordnung in ihrem rechtsstaatlichen Kern durch den berühmten Artikel 79 Absatz 3 mit den Grundrechten und den Strukturprinzipien der Republik, der Demokratie, des Rechtsstaates, des Sozialstaates und des Bundesstaates unter besonderen, verfassungsrechtlich irreversiblen Schutz zu stellen. Bis heute ist das gelungen.

Die erste parlamentarische Demokratie in Deutschland wurde keine 14 Jahre alt. Nach grausamen, unvorstellbaren, entsetzlichen zwölf Jahren war die Nazi-Herrschaft zu Ende – und mit ihr das Deutsche Reich als selbständiger Staat zerstört, politisch und militärisch gescheitert, wirtschaftlich ruiniert und moralisch diskreditiert.

Die politische Stabilität der Bundesrepublik Deutschland und ihr großes Ansehen in der Welt war wie das Scheitern der Weimarer Demokratie weder zufällig noch zwangsläufig. Zur demokratischen Erinnerungskultur gehört, das eine genauso wenig für selbstverständlich zu halten wie das andere. Für beides gibt es Ursachen und gibt es Verantwortliche, nicht nur in den Parlamenten, aber in diesen ganz besonders. Deshalb gilt unser besonderer und dankbarer Respekt all denen, die während und nach der brutalen Zerstörung der ersten deutschen Demokratie den politischen, sozialen und moralischen Wiederaufbau unseres Landes möglich gemacht haben.

V. Das Trauma der europäischen Zivilisation
Auschwitz und die Erfahrung des Holocaust

Der Gedenktag für die Opfer des Nationalsozialismus ist in der Abfolge der jährlichen Gedenktage nicht irgendeiner, „noch einer", sondern gewissermaßen der erste. Der Gedenktag erinnert an die vielleicht größte Katastrophe der Menschheitsgeschichte, die in Europa stattgefunden hat und von Deutschland verursacht wurde: eine von Menschen organisierte Hölle der Entrechtung und Verfolgung anderer Menschen, die für minderwertig erklärt wurden. Er erinnert an den industriell organisierten Massenmord, der bis zur Befreiung des Konzentrationslagers Auschwitz durch Soldaten der Roten Armee am 27. Januar 1945 Millionen unschuldiger Opfer gefunden hat.

Der Deutsche Bundestag kommt in jedem Jahr an diesem Jahrestag zusammen, um aller Opfer des Nationalsozialismus zu gedenken: der ermordeten Juden Europas, der Sinti und Roma, der Homosexuellen, der Euthanasieopfer, all der Menschen, die wegen ihrer religiösen oder politischen Überzeugungen ermordet wurden, und wir sind mit unseren Gedanken bei denen, die als Überlebende der Vernichtungslager vom Trauma des Überlebens gezeichnet sind und für die das Grauen der Konzentrationslager mit dem Verlust ihrer Angehörigen und Freunde lebendig geblieben ist.

Der italienische Schriftsteller Primo Levi, einer der Überlebenden des Holocaust, bilanzierte seine qualvolle Auseinandersetzung mit den Erfahrungen in Auschwitz und Birkenau mit der bitteren Mahnung: „Es ist geschehen, und folglich

53

kann es wieder geschehen." Damit meinte er ganz gewiss nicht jene schlichte Erwartung, dass Geschichte sich genau so wiederholen, sich selbst kopieren könnte. Er hatte wohl eher die Tatsache vor Augen, dass es der Mensch selbst ist, der Humanität, Recht und Menschenwürde immer wieder gefährdet. Darum dürfen wir nie verdrängen und nicht müde werden, zu betonen, dass Freiheit und Demokratie, Toleranz und Humanität keine selbstverständlichen Gewissheiten sind, sondern das fortdauernde Engagement jedes Einzelnen von uns voraussetzen.

Die Erfahrung des Holocaust gehört zu den ungeschriebenen Gründungsdokumenten der zweiten deutschen Demokratie. Auschwitz ist als authentischer Ort des millionenfachen Mordes an Juden und anderen Opfergruppen zugleich ein Symbol für den Zivilisationsbruch geworden, für das Menschheitsverbrechen, das nicht nur hier, sondern an vielen Orten innerhalb und außerhalb Deutschlands begangen wurde.

Artikel 1 des Grundgesetzes hat die historische Einsicht formuliert, die nach den entsetzlichen Erfahrungen der nationalsozialistischen Verbrechen gegen die Menschlichkeit unser staatliches Handeln wie unser persönliches Verhalten bestimmen muss: „Die Würde des Menschen ist unantastbar." Dieser Satz gilt nicht erst, seit es das Grundgesetz gibt. Aber diese unsere Verfassung macht ihn zur ausdrücklichen „Verpflichtung aller staatlichen Gewalt".

Der damalige Bundeskanzler Konrad Adenauer hat an diese Verantwortung in einer Rede im Jahr 1952 mit dem Hinweis erinnert, dass es „weder nur ein Heute oder Morgen gibt, sondern eben auch ein Gestern, das das Heute und das Morgen stark, ja manchmal entscheidend beeinflusst. Man muss das Gestern kennen, man muss auch an das Gestern denken, wenn man das Morgen wirklich gut und dauerhaft gestalten will. Die Vergangenheit ist eine Realität. Sie lässt sich nicht aus der Welt schaffen, und sie wirkt fort, auch wenn man die Augen schließt, um zu vergessen." Deutschland hat nicht vergessen und aus dem Entsetzen über den Terror der NS-Diktatur die Lehre gezogen, sich allen Formen von Extremismus, Rassismus und Antisemitismus entschieden entgegenzustellen. Dazu gehört auch, dass Aussagen, die die schreckliche historische Wahrheit des Holocaust leugnen oder relativieren wollen und damit die Opfer der NS-Diktatur verhöhnen, unter Strafe gestellt sind.

Bund und Länder fördern seit vielen Jahren Programme und Projekte, die sich gegen Extremismus, Rassismus und Antisemitismus richten und die insbesondere junge Menschen in ihrem Engagement für Freiheit, Demokratie und Toleranz unterstützen sollen. International engagiert sich Deutschland vor allem im Rahmen der OSZE bei der Bekämpfung des Antisemitismus. Wir dürfen und werden in diesen Bemühungen nicht nachlassen.

Der Deutsche Bundestag hat sich immer wieder entschieden sowohl für strafrechtliche als auch für präventive und pädagogische Maßnahmen ausgesprochen, um Bestrebungen, die Ideologie des Nationalsozialismus wiederzubeleben oder gesellschaftsfähig zu machen, gleich im Ansatz zu bekämpfen.

Deutschland hat eine besondere Verantwortung und Verpflichtung für den Staat Israel und eine entschiedene Haltung gegenüber allen, die das Existenzrecht Israels bestreiten. Israel muss mit demselben Recht wie seine Nachbarn in international anerkannten Grenzen frei von Angst, Terror und Gewalt leben können. Ein atomar bewaffneter Staat in seiner Nachbarschaft, geführt von einem offen antisemitisch orientierten Regime, ist nicht nur für Israel unerträglich. Die Weltgemeinschaft darf eine solche Bedrohung nicht dulden.

Geschichte vergeht nicht; sie kann auch nicht überwunden werden. Sie ist Voraussetzung der Gegenwart, und der Umgang mit der Geschichte prägt auch die Zukunft jeder Gesellschaft. Deshalb ist die Bewahrung der Erinnerung, das nationale Gedächtnis, eine politische, also gemeinsame Aufgabe. In diesem Bestreben wird schmerzhaft bewusst, dass es immer weniger Menschen gibt, die als Überlebende noch persönliches Zeugnis vom Holocaust und den nationalsozialistischen Verbrechen ablegen können. Umso entschiedener stellt sich dann die Frage, wie die bezeugten Erinnerungen im Gedenken der zukünftigen Generationen fortbestehen können.

Darauf eine Antwort zu finden, ist eine gemeinsame Aufgabe übrigens aller in Deutschland lebenden Menschen – auch solcher nichtdeutscher Herkunft. Ein herausragender Zeuge der Vergangenheit und ihrer Lehren für die Zukunft ist Imre Kertész. Er hat 2002 den Literaturnobelpreis für ein schriftstellerisches Werk erhalten, das, wie es in der Begründung heißt, „die zerbrechliche Erfahrung des Einzelnen gegenüber der barbarischen Willkür der Geschichte behauptet".

In seinem großen „Roman eines Schicksallosen" erzählt Imre Kertész die autobiografisch geprägte Geschichte eines Budapester Jungen, der 1944 als 15-Jähriger aus einem Bus geholt und nach Auschwitz verschleppt wird. Imre Kertész hat beim Nobel-Bankett in Stockholm seine kurze Dankansprache in Anwesenheit des schwedischen Königs und des ungarischen Ministerpräsidenten auf Deutsch gehalten. Dabei hat er hervorgehoben, für ihn sei der Holocaust, dem er nur wie durch ein Wunder entkam, „ein Trauma nicht nur der deutschen, sondern der europäischen Zivilisation". Er habe das wahre Antlitz des Jahrhunderts gesehen und könne heute davon berichten, auch wenn er sich nie ganz habe befreien können. Das sei wohl eine „besonders grausame Form der Gnade".

In seinem berühmten Aufsatz „Die exilierte Sprache" schreibt Imre Kertész: „Meiner Ansicht nach wird die Tragödie des Judentums nicht beschädigt und auch nicht geschmälert, wenn wir den Holocaust heute, mehr als fünf Jahrzehnte danach, als Welterfahrung, als europäisches Trauma betrachten. Schließlich hat sich Auschwitz nicht im luftleeren Raum vollzogen, sondern im Rahmen der westlichen Kultur, der westlichen Zivilisation, und diese Zivilisation ist ebenso Auschwitz-Überlebender wie einige zehn- oder hunderttausend über die ganze Welt verstreute Männer und Frauen, die noch die Flammen des Krematoriums gesehen und den Geruch des verbrannten Menschenfleischs eingeatmet haben. In diesen Flammen wurde alles zerstört, was wir bis dahin als europäische Werte schätzten, und an diesem ethischen Nullpunkt, in dieser moralischen und geistigen Finsternis, erweist sich als einziger Ausgangspunkt gerade das, was diese Finsternis erzeugt hat: der Holocaust.«

Er fährt wenig später mit dem atemberaubenden Gedanken fort, den kein Historiker, erst recht kein deutscher, schreiben könnte, dass der Holocaust in geistig-moralischem, also kulturellem Sinn ein Wert ist, weil er durch unermessliches Leid zu unermesslichem Wissen geführt hat und damit eine unermessliche moralische Reserve in sich birgt.

Wenn wir diese moralische Reserve, von der Imre Kertész spricht, als das europäische Vermächtnis der Tragödie des Holocaust verstehen dürfen, dann ist sie der Ausgangspunkt dafür, dass heute europäische Geschichte mit ihren Brüchen auch wieder als eine gemeinsame Geschichte der Herausbildung von freiheitlicher Zivilisation, Demokratie und Menschenrechten, als gemeinsame Bemühung um Toleranz, Gerechtigkeit und Solidarität begriffen werden kann.

Ohne das Überleben, ohne die Lebendigkeit eben dieser Werte wäre die Erfolgsgeschichte Europas – von den sechs Gründerstaaten der Wirtschaftsgemeinschaft bis zu den heute 27 Mitgliedern der Europäischen Union – nicht möglich gewesen.

Dass ein Mann mit der Biografie von Imre Kertész heute in Berlin lebt und arbeitet und diesem Land und seiner Kultur verbunden bleibt, empfinde ich als eine besonders generöse Form der Zuwendung zu unserem Land und zugleich als Beleg für die Hoffnung, dass Europa eine Seele hat, die nicht verlorengegangen ist.

VI. Seifenpulver, Kaffee-Ersatz und Grundrechte
Der Parlamentarische Rat und das Grundgesetz

Als am 1. September 1948 in Bonn die 65 von den Landtagen der elf Bundesländer gewählten Mitglieder des Parlamentarischen Rates zusammentraten, 61 Männer und vier Frauen, um dem nicht souveränen, unter der Kontrolle alliierter Besatzungsmächte stehenden westlichen Teil Deutschlands eine gemeinsame vorläufige Verfassung zu geben, wurde in einer kaum vorhersehbaren, nachhaltigen Weise die Grundlage der Bundesrepublik Deutschland gelegt.

„Wir beginnen mit dieser Arbeit in der Absicht und mit dem festen Willen, einen Bau zu errichten, der am Ende ein gutes Haus für alle Deutschen werden soll", so hat der damalige Ministerpräsident von Nordrhein-Westfalen, Karl Arnold, in seiner Eröffnungsansprache im Bonner Museum König die Erwartungen an die Arbeit dieses Gremiums formuliert.

Heute wissen wir, dass mit der Konstituierung des Parlamentarischen Rates gleich drei präjudizierende Entscheidungen verbunden waren: für einen Standort, für eine Persönlichkeit und für ein Konzept. Die Entscheidungen für Bonn als Standort, für Konrad Adenauer als Präsidenten des Parlamentarischen Rates und späteren ersten Kanzler der Bundesrepublik Deutschland und für die parlamentarische Demokratie des Grundgesetzes haben die zweite Hälfte des 20. Jahrhunderts wesentlich geprägt. Das Grundgesetz hat eine in der deutschen Verfassungsgeschichte beispiellose Überzeugungskraft entwickelt, in deren Rahmen schließlich die Wiederherstellung der deutschen Einheit möglich geworden ist.

Die Anfänge waren durchaus bescheiden, sehr viel bescheidener als die allermeisten, die in diesem Lande unter dieser Verfassung groß geworden sind, heute für möglich halten. Nachdem die Anfrage, ob sie sich zu einer Unterbringung des Parlamentarischen Rates in der Lage sähen, sowohl in Köln wie auch in Düsseldorf auf ein – vorsichtig formuliert – begrenztes Interesse gestoßen war, hat sich dankenswerterweise die vergleichsweise kleine Stadt Bonn am Rhein zur Aufnahme des Parlamentarischen Rates bereit erklärt. Damals im Herbst 1948 gab es im Bonner Zimmernachweis, in dem bei den Bürgern der Stadt Bonn um Quartier für Mitglieder des Parlamentarischen Rates geworben wurde, einen weißen, mit Schreibmaschine geschriebenen Zettel mit folgendem dezentem Hinweis: „Für die Dauer der Aufnahme Ihres Gastes stehen Ihnen pro Monat zusätzlich 10 cbm Gas, 10 kWh Strom sowie 90 g Kaffee-Ersatz, 600 g Seifenpulver und 150 g Waschzusatzmittel zur Verfügung."

Es waren damals aber nicht nur die ökonomischen Bedingungen bescheiden. Für die politischen Perspektiven galt das in einer sehr ähnlichen Weise. In seiner Antrittsrede als Präsident des Parlamentarischen Rates hat Konrad Adenauer damals erklärt: „Für jeden von uns war es eine schwere Entscheidung, ob er sich bei dem heutigen Zustand Deutschlands ... zur Mitarbeit zur Verfügung stellen ... sollte. Ich glaube ..., eine richtige Entscheidung auf diese Frage kann man nur dann finden, wenn man sich klar macht, was denn sein würde ..., wenn dieser Rat nicht ins Leben träte. ... Welche Ergebnisse unsere Arbeit für ganz Deutschland haben wird, das hängt von Faktoren ab, auf die wir nicht einwirken können. Trotzdem wollen wir die historische Aufgabe, die uns gestellt ist ..., unter Gottes Schutz mit dem ganzen Ernst und mit dem ganzen Pflichtgefühl zu lösen versuchen, die die Größe dieser Aufgabe von uns verlangt."

Das Grundgesetz ist die freiheitlichste Verfassung, die Deutschland in seiner Geschichte je hatte. Es ist das wichtigste Dokument unseres demokratischen Selbstverständnisses geworden. Dass dies heute so ist und gänzlich unbestritten so ist, war keineswegs abzusehen, als der Parlamentarische Rat das Grundgesetz verabschiedete, und es war schon gar nicht selbstverständlich. Immerhin äußerten im März 1949 40 Prozent der Deutschen, ihnen sei die zukünftige westdeutsche Verfassung schlicht gleichgültig. Noch fünf Jahre nach seiner Verkündung kannten mehr als die Hälfte der Deutschen das Grundgesetz überhaupt nicht. Zeitungen wie die „Deutsche Rundschau" schrieben damals ebenso irritiert wie besorgt: „Heute ist Deutschland etwas sehr Unglückliches. Es ist so komisch und so tragisch wie das Deutschland von Weimar: eine Demokratie ohne Demokraten."

Dass es ganz anders gekommen ist, hat neben vielen weiteren Gründen vor allem mit dem Grundgesetz zu tun. Es steht für den Schutz der individuellen Freiheitsrechte, die Mitwirkung der Bürgerinnen und Bürger in einer pluralistisch und repräsentativ verfassten parlamentarischen Demokratie und für die Verhinderung einer verselbständigten Staatsgewalt. Einer der herausragenden Väter des Grundgesetzes, Carlo Schmid, sagte damals: „Ich für meinen Teil bin der Meinung, dass es nicht zum Begriff der Demokratie gehört, dass sie selber die Voraussetzungen für ihre Beseitigung schafft."

Dieser ausdrückliche Wunsch nach einer selbstbewussten und abwehrbereiten Demokratie begründete sich aus der Doppelerfahrung des Scheiterns der Weimarer Republik und der nationalsozialistischen Diktatur. Wesentliche Teile des Grundgesetzes sind deshalb durch die sogenannte Ewigkeitsklausel gegenüber jeder substanziellen Veränderung geschützt. Die Grundrechte, die nach der Weimarer Reichsverfassung nur „nach Maßgabe der Gesetze" galten, sind im Grundgesetz unmittelbar geltendes, gerichtlich durchsetzbares Recht und damit verbindliche Orientierung für die Gesetzgebung. Auch die Einrichtung des Bundesverfassungsgerichts gehört zu den glücklichen Initiativen des Parlamentarischen Rates und seiner neunmonatigen Beratungen seit Anfang September 1948 und zu den beispielhaften Regelungen des Grundgesetzes.

Am 1. Juli 1948 hatten die Westalliierten den elf Ministerpräsidenten der westdeutschen Besatzungszonen den Auftrag erteilt, bis zum 1. September 1948 eine verfassunggebende Versammlung einzuberufen, mit der Maßgabe, sie solle „eine demokratische Verfassung ausarbeiten, die für die beteiligten Länder eine Regierungsform des föderalistischen Typs schafft, die am besten geeignet ist, die gegenwärtige zerrissene deutsche Einheit schließlich wiederherzustellen, und die Rechte der beteiligten Länder schützt, eine angemessene Zentralinstanz schafft und die Garantien der individuellen Rechte und Freiheiten enthält".

So war die Vorgabe. Das zumindest scheint gelungen, übrigens innerhalb von 265 Tagen. Die Föderalismusreform hat länger gedauert. Sie ist gleichwohl nicht besser gelungen.

Das Grundgesetz gilt inzwischen auch und gerade bei internationalen Beobachtern und Experten als eine der großen Verfassungen der Welt. Dazu hat zweifellos das Bundesverfassungsgericht ganz maßgeblich beigetragen, das seinerseits zu den glücklichen Innovationen dieser Verfassung gehörte und seine rechtshistorisch beispiellose Rolle in sechs Jahrzehnten so überzeugend wahrgenommen hat, dass es heute unangefochten die höchste Reputation aller Verfassungsorgane genießt. Mehr als drei Viertel aller Bürgerinnen und Bürger unseres Landes erklären in jüngeren Umfragen ausdrücklich ihr großes Vertrauen in die Arbeit dieses Verfassungsorgans. Etwas salopp formuliert: Die Deutschen trauen ihren Richtern mehr als ihren Politikern.

Wenn nach den Hauptgründen für Ansehen und Geltung des Grundgesetzes gefragt wird, so ist ein Grund gewiss seine Fähigkeit zur Anpassung an veränderte Verfassungswirklichkeiten, ohne sich dabei im Wesensgehalt verändert zu haben. Konrad Adenauer wird das Bonmot zugeschrieben, man beschließe im Parlamentarischen Rat „nur das Grundgesetz und nicht die Zehn Gebote". Dieser Pragmatismus, diese – in den Worten von Theodor Heuss – „heilige Nüchternheit" half, auch die verfassungsrechtlichen Herausforderungen in den vergangenen sechs Jahrzehnten zu bewältigen, von der Wehrverfassung in den Fünfzigern über die Notstandsgesetzgebung in den Sechzigern bis zur Föderalismusreform unserer Tage als umfangreichster Verfassungsänderung seit 1949.

Wir befinden uns in der glücklichen Lage, dass es einen ernsthaften Streit über die Qualität, über die Geltung, über den Rang dieser Verfassung schon lange nicht mehr gibt. Das sollte uns umso eher in die Lage versetzen, uns in Ruhe, aber auch durchaus selbstkritisch mit der Entwicklung auseinanderzusetzen, die diese Verfassung und dieses Land unter der Geltung dieses Grundgesetzes genommen hat.

Seit 1949 ist das damals verkündete Grundgesetz mehr als 50 Mal ergänzt oder geändert worden. Das ist im Durchschnitt weniger als einmal pro Jahr, aber es ist immerhin doppelt so häufig wie die amerikanische Verfassung, die über 200 Jahre alt ist. Für jede einzelne dieser Änderungen oder Ergänzungen hat es Gründe gegeben, mal mehr und mal weniger zwingende. Aber dass dem Verfassungsgesetzgeber jede einzelne dieser Änderungen gleich gut gelungen sei, wird man wohl nur zögernd behaupten wollen. Auffällig ist, dass der mit Abstand größte Teil der Verfassungsänderungen und -ergänzungen in Zeiten großer Koalitionen erfolgt ist, also in den wenigen Jahren zwischen 1966 und 1969 sowie 2005 bis 2009. Das belegt die Vermutung, dass große Mehrheiten bei schwierigen

Themen zu großzügigen Lösungen neigen und dass Verfassungsänderungen (zu) leicht fallen, wenn es dazu ausreichend Majoritäten gibt.

Das Grundgesetz ist in den vergangenen Jahren deutlich länger geworden. Es hat inzwischen nahezu den doppelten Umfang gegenüber dem Text von 1949. Ob es mit der erheblichen Erweiterung auch erheblich besser, jedenfalls präziser geworden ist, diese Frage werden wir uns gefallen lassen müssen. In einer jüngeren staatsrechtlichen Studie findet sich der bemerkenswerte Befund: „Ein Blick in den Text des Grundgesetzes bestätigt die Vermutung, dass wenig so schnell veraltet wie seine Neuerungen" (Christoph Möllers).

Jedenfalls lässt sich auch mit Blick auf die Auseinandersetzung früherer Jahre nur schwer übersehen, dass es mal an der einen und mal an der anderen Stelle beachtlichen Gestaltungsehrgeiz gibt. Und es gibt die Vermutung, dass diese gerade mit Blick auf die Quantitäten beschriebene Entwicklung mit dem besonderen Eifer des Verfassungsgesetzgebers zusammenhinge. Aber es gibt in der Literatur und in der politischen Diskussion auch die Beobachtung, dass es mit dem Ehrgeiz des Verfassungsgerichts zusammenhänge, vorhandene Verfassungsbestimmungen so eng auszulegen, dass der gewünschte Gestaltungsspielraum nur durch entsprechende Änderungen, Präzisierungen, Ergänzungen des Verfassungstextes zu erreichen sei.

Ich halte beide Vermutungen für hinreichend begründet, um eine ruhige, konstruktive Beschäftigung mit diesem Thema zu rechtfertigen. Dabei müssen wir jenseits der in diesem Zusammenhang gelegentlich strapazierten Frage der sogenannten „Verfassungsästhetik" auch die hochpolitische Frage beantworten, welche Folgen es hat, beabsichtigt oder unbeabsichtigt, wenn immer häufiger neben Grundsätzen und Grundregeln politische Gestaltungsabsichten mit Verfassungsrang ausgestattet werden: was das für die Spielräume künftiger Gesetzgeber, künftiger demokratisch legitimierter Mehrheiten bedeutet und damit auch für die Architektur eines politischen Systems, für das wir uns im Großen und Ganzen regelmäßig wechselseitig beglückwünschen, und das mit gutem Grund, weil uns in unserer Geschichte selten Ähnliches ähnlich gut gelungen ist wie diese Verfassung.

Es gehört zu den vertrauten Reflexen, bei der Suche nach vermeintlich verpassten Chancen der deutschen Einheit auch auf Artikel 146 GG zu verweisen. Dabei wird insbesondere mit Blick auf die Verfassungsberatungen am Runden Tisch in der DDR kritisiert, dass die Wiedervereinigung nicht zu einer neuen, nun gesamtdeutschen Verfassung geführt hat. Nicht ohne Grund entschied sich aber 1990 die überwältigende Mehrheit der frei gewählten Volkskammer der DDR dafür, der Bundesrepublik Deutschland nach Artikel 23 GG beizutreten. In der Verfassungspraxis hatte sich das Grundgesetz als so erfolgreich erwiesen, dass das Bedürfnis nach einer neuen Verfassung bei Weitem nicht das Verlangen nach Kontinuität übertraf. Der in diesem Zusammenhang immer wieder vertretenen These, die fehlende Abstimmung über das Grundgesetz durch das Volk sei ein Geburtsfehler, der nur mit einer neuen Verfassung behoben werden könne, hält der ehemalige Vizepräsident des Bundesverfassungsgerichts Winfried Hassemer zu Recht die Legitimation des Grundgesetzes „durch Zusammenleben" entgegen, also „die alltägliche, auf einem breiten Konsens beruhende, im öffentlichen Streit über Einzelheiten immer wieder bestätigte Zustimmung zur Verfassungswirklichkeit".

Das ursprünglich provisorisch gemeinte Grundgesetz ist heute die unbestrittene Grundlage der politischen Verfassung des Landes im Sinne einer freiheitlich-demokratischen Gesellschaft. Die erklärte Absicht des Parlamentarischen Rates, „einen Bau zu errichten, der am Ende ein gutes Heim für alle Deutschen werden soll", hat sich erfüllt. Sicher war dies nicht. Und selbstverständlich schon gar nicht.

VII. Modernisierung und Restauration
Im Anfang war Adenauer

Es gehört zu den normalen Abläufen der Zeitgeschichte, die nicht weiter erläuterungsbedürftig sind, dass die Bedeutung von Personen und Persönlichkeiten, jedenfalls die Wahrnehmung ihrer Bedeutung, in der Regel mit der jeweiligen Amtszeit endet. Seit 1949 hat es in der zweiten deutschen Republik einige Dutzend Kanzler, Staatsoberhäupter, Parlaments- und Verfassungsgerichtspräsidenten gegeben, einige Hundert Ministerpräsidenten und Minister, einige Tausend Abgeordnete des Bundestages und der Landtage, darunter wichtige Fraktionsvorsitzende, Parlamentarische Geschäftsführer, Ausschussvorsitzende oder Vorsitzende von Arbeitsgruppen. Weil sie bedeutende Ämter ausüben, werden sie bekannt, öffentlich wahrgenommen und für wichtig gehalten. Mit dem Ende der Ausübung dieser Ämter geht meist auch die öffentliche Wahrnehmung zu Ende, der Bekanntheitsgrad verschwindet allmählich und von der Bedeutung bleibt, wenn überhaupt, ein bescheidener Rest zurück.

Konrad Adenauer ist anders. Die Wahrnehmung seiner Bedeutung als Gründungskanzler der Bundesrepublik Deutschland hat seit der Aufgabe seiner Ämter und seit seinem Tode nicht abgenommen, sie ist vielmehr gewachsen, kontinuierlich. In der Beurteilung seiner Bedeutung sind sich Wissenschaft und Öffentlichkeit erstaunlich einig, politische Freunde und Weggefährten wie Gegner und Konkurrenten. Willy Brandt, den er als politischen Gegner leidenschaftlich und nicht immer nur fair bekämpft hat, hat Adenauer bei seinem Tode gewürdigt als „Architekten der Bundesrepublik Deutschland, als Staatsmann von europäischem Rang und Persönlichkeit von geschichtlicher Größe".

In einer Sendung des Zweiten Deutschen Fernsehens über „Die großen Deutschen" wurde Konrad Adenauer Ende November 2003 in einen virtuellen Wettbewerb mit anderen prominenten Persönlichkeiten der deutschen Geschichte gestellt, zu denen nach der Namensvorgabe der Redaktion neben Otto von Bismarck und Ludwig van Beethoven u. a. Dieter Bohlen, Beate Uhse und Herbert Grönemeyer gehörten. Ein bemerkenswertes Indiz für eine erstaunliche öffentlich-rechtliche Verwechslung von Bekanntheit und Bedeutung. Aus diesem virtuellen Wettbewerb ist Adenauer mit großem Vorsprung vor Martin Luther und Karl Marx als bedeutendster Repräsentant dieses Landes hervorgegangen. Dies mag bei manchen Zweifeln, die gelegentlich aufkommen, eine willkommene Stütze des Vertrauens in das Urteilsvermögen deutscher Zeitgenossen sein, von denen die meisten auch Wählerinnen und Wähler sind.

Konrad Adenauer hat in seiner denkwürdigen politischen Laufbahn fünf herausragende Ämter wahrgenommen. 16 Jahre lang war er zwischen 1917 und 1933 Oberbürgermeister von Köln, zwölf Jahre von 1921 bis 1933 Präsident des Preußischen Staatsrates; er war in einer kurzen, aber entscheidenden Phase der Neuformierung dieses Landes nach dem Zweiten Weltkrieg Präsident des Parlamentarischen Rates, der die Verfassungsordnung für dieses neue Deutschland formulieren sollte. 14 Jahre war er Bundeskanzler und von 1950 bis 1966 Parteivorsitzender der Christlich-Demokratischen Union. Jedes dieser Ämter hat er in einer Maßstäbe setzenden Weise ausgeübt. Über seine Kölner Amtszeit soll es hier nicht und über seine Weimarer Funktionen nur am Rande gehen. Immerhin lässt sich festhalten, dass Adenauer auch ohne seine spätere, völlig unabsehbare bundespolitische Prominenz zu den großen, bedeutenden, überragenden Kölner Oberbürgermeistern gezählt wird. So knapp seine denkwürdige Wahl zum ersten Kanzler der Bundesrepublik Deutschland war, so eindeutig fiel seine Wahl zum Oberbürgermeister aus. Er wurde damals einstimmig als jüngster Oberbürgermeister in Deutschland in dieses Amt gewählt, und auch als Präsident des Staatsrates wurde er Jahr für Jahr im Amt bestätigt. Seine Amtsführung brachte ihn auch als möglichen Reichskanzler ins Gespräch. Es gehört vermutlich zu den wenigen glücklichen Fügungen der unglücklichen Geschichte der Weimarer Republik, dass daraus nichts wurde, weil unter den gegebenen Verhältnissen damals wohl nichts Überzeugendes daraus hätte werden können.

Umso eindrucksvoller konnte Adenauer später nicht nur bedeutende Ämter ausüben, sondern damit zugleich Funktionen und Rollen wahrnehmen, für die er weder jemals kandidiert hat noch förmlich gewählt werden konnte: die Rolle des großen Europäers, eines der Gründungsväter des neuen Europa, und die Rolle des Veränderers, des Erneuerers, der in einer bis heute – wie ich glaube – nicht hinreichend aufgearbeiteten Weise Modernisierung und Restauration miteinander zu verbinden wusste.

Das Interesse an Europa und die Einsicht in die zwingende Notwendigkeit einer Neuordnung des europäischen Staatengefüges begleitet die politische Laufbahn Konrad Adenauers von Anfang an. Schon im Juni 1919 ruft Adenauer, damals als Oberbürgermeister von Köln, bei der Eröffnungsfeier der Universität dazu auf, „das hohe Werk dauernder Völkerversöhnung und Völkergemeinschaft zum Heile Europas zu fördern", und präzisiert ein paar Jahre später, im Mai 1924 bei der Eröffnung der Kölner Messe, „es muss wieder eine Atmosphäre des Friedens in Europa geschaffen werden, und es scheint, dass dabei die Wirtschaft der Politik Wegbereiterin sein muss". Seine

Vorstellungen einer Verflechtung der europäischen Schlüssel-
industrien nehmen den Grundgedanken des Schuman-Plans
von 1950 vorweg. Von diesem Schuman-Plan hat Adenauer
dann später kommentierend bemerkt: „Dieser Plan, wie auch
der Plan über die EVG [Europäische Verteidigungsgemein-
schaft], sind nur ein Anfang. Sie sind zunächst deswegen nur
ein Anfang, weil erst sechs europäische Länder davon erfasst
werden. Aber es wäre töricht, wenn ich nicht mit sechs Ländern anfangen würde und erst warten wollte, bis alle kommen.
Ich bin überzeugt, wenn der Anfang mit sechs Ländern gemacht ist, kommen eines Tages alle anderen europäischen
Staaten auch hinzu.“

Alle anderen europäischen Staaten kommen auch hinzu: Da
muss man schon über ein gewaltiges Maß nicht nur an visio-
närer Begabung, sondern auch an Wirklichkeitsresistenz verfügt haben, um aus der Perspektive des Jahres 1952 nicht nur
das, was gerade begonnen hat, ausdrücklich nur als Anfang zu
bezeichnen, sondern vorwegzunehmen, dass Zeiten kommen
werden, in denen ein Europa entstehen wird, zu dem die westlichen wie die östlichen Länder dieses Kontinents mit gleicher
Selbstverständlichkeit gehören.

Seine Bemerkung vor der Beratenden Versammlung des Eu-
roparates im Dezember 1951 könnte fast wie ein aktueller
Kommentar zur gegenwärtigen Diskussion über Glanz und
Elend der Europäischen Gemeinschaft und der europäischen
Einigungsbemühungen gelesen werden: „Der Zwang zu einer
europäischen Vereinigung ist nicht ein Schicksal, das Europa
erleidet, es ist vielmehr ein schöpferischer Impuls, der der Größe der europäischen Tradition würdig ist.“

Wie sehr Konrad Adenauer unter dem Scheitern des An-
laufs, eine europäische Verteidigungsgemeinschaft zu gründen,
gelitten hat, ist oft genug beschrieben und erläutert worden.
Immerhin sollte man zur Begründung der Bedeutung dieses

Projektes und seiner Einschätzung des Scheiterns in Erinnerung rufen, dass der Vorschlag des damaligen französischen Ministerpräsidenten René Pleven, eine gemeinsame europäische Armee aufzustellen, mit dem Vorschlag der Gründung einer europäischen politischen Gemeinschaft verbunden war, einem Vorschlag, den Adenauer unverzüglich aufgriff und mit Leidenschaft vorantrieb. Zunächst sah es auch ganz so aus, als würde dieser große Wurf in einer gemeinsamen Überzeugung der beteiligten sechs Länder zu einem schnellen Erfolg führen – Parallelen zu jüngeren Entwicklungen europäischer Verfassungstexte sind hoffentlich reiner Zufall –, jedenfalls wurde dieser Vertragsentwurf am 27. Mai 1952 von den Regierungen aller sechs zur Beteiligung eingeladenen Staaten unterzeichnet. Er wurde auch in fünf der sechs Staaten ratifiziert, aber eben nicht in Frankreich. Er ist in der französischen Nationalversammlung gescheitert, und es gibt kaum ein zweites politisches Ereignis in der Biografie Adenauers, das er häufiger und dramatischer als einen Rückschritt in der für notwendig gehaltenen europäischen Entwicklung beschrieben und beschworen hat als das damalige Scheitern.

Es hat dann einen neuen Anlauf gegeben, einen Vorschlag des belgischen Außenministers Paul Henri Spaak zur Verschmelzung der Nationalwirtschaften durch Errichtung eines gemeinsamen Marktes, verbunden mit einer europäischen Organisation zur friedlichen Nutzung der Atomenergie. Dazu hat es Verhandlungen gegeben, zu denen schon damals übrigens auch die britische Regierung eingeladen wurde. Diese Verhandlungen schleppten sich nur sehr zögerlich hin, und auch, nachdem die Briten förmlich aus den weiteren Überlegungen ausgestiegen waren – übrigens mit der historisch protokollierten erleichterten Vermutung, daraus würde ohnehin nichts –, kam unter den verbleibenden gleichen sechs Ländern der erhoffte Konsens keineswegs schnell zustande. Auch diese vertraglichen Bemühungen drohten zu scheitern, bis Adenauer persönlich nach Paris reiste und mit dem damaligen französischen Ministerpräsidenten Guy Mollet die Kompromisslinie fand, auf deren Grundlage dann in den folgenden Wochen die Vereinbarung unter den sechs Partnern gefunden werden konnte, die zu Gründungsmitgliedern der Europäischen Gemeinschaft wurden.

Für viele Beobachter war das damals nicht nur ein neuer, sondern auch ein anderer Anlauf, Europa zusammenzubringen: ökonomisch statt politisch. Für Konrad Adenauer war es ein neuer Anlauf zum selben Ziel. In den protokollierten Sitzungen des Parteivorstandes der CDU befindet sich eine Bemerkung Adenauers aus dem November 1959, der gerade im Jahr davor in Kraft getretene gemeinsame Markt „muss betrachtet werden *nicht* in erster Linie als ein wirtschaftlicher Vertrag, sondern als ein politisches Instrument. Er muss im Zusammenhang betrachtet werden mit dem Europarat, der Montanunion und Euratom, kurz und gut, es handelt sich hier um eine Reihe von politischen Fakten. Die EWG ist in der Hauptsache ein politischer Vertrag, der bezweckt, auf dem Wege über die Gemeinsamkeit der Wirtschaft zu einer politischen Integration Europas zu kommen."

Ich finde diesen Zusammenhang besonders beachtlich, weil ich ihn für einen besonders eindrucksvollen Beleg sowohl der Hartnäckigkeit wie der Flexibilität des Bundeskanzlers Adenauer halte. Hans-Peter Schwarz erläutert in seinen ebenso akribischen wie einfühlsamen Büchern über Leben und Werk Adenauers, dass jedenfalls nach seiner Einschätzung von einer von Anfang bis Ende geradlinigen Europapolitik ernsthaft keine Rede sein kann. Adenauer habe je nach Lage der Dinge im Laufe der Zeit durchaus nicht nur unterschiedliche taktische Kalküle, sondern ganz heterogene Ziele verfolgt. „Er hat als Föderalist begonnen und als Konföderalist an der Seite de Gaulles geendet. Man kann ihn genauso gut für das supranationale Europa reklamieren oder darauf verweisen, dass er sich seit Ende der 50er Jahre im Sog de Gaulles für ein Europa der Vaterländer, sprich der Nationalstaaten wieder erwärmt habe.“ Jedenfalls, wie immer die Historiker mit dieser wichtigen Gründungsphase der Europäischen Gemeinschaft unter Berücksichtigung von alten und neuen Quellen weiter umgehen mögen, eines wird man sicher sagen können: Adenauer, der von Beginn seiner Laufbahn an ein ausgeprägtes und ausdrückliches Interesse an einer Veränderung der politischen Verhältnisse in Europa hatte, hat sich immer wieder an den tatsächlichen Verhältnissen und damit nach den tatsächlichen Möglichkeiten gerichtet und ein mehr oder weniger, aber nie abschließend beschriebenes Ziel mit der ihm eigenen Sturheit verfolgt. Damit ist er sicher nicht zuletzt seiner eigenen vielzitierten Maxime gefolgt, man solle sich „niemals so weit festlegen, dass man anders gar nicht mehr kann“.

Fragt man nach der Modernität der Adenauer-Ära, dann empfiehlt es sich als Erstes, sich über die Maßstäbe zu verständigen, mit deren Hilfe man diese Frage beantworten will. Zeitgenossen, zu welchen Zeiten auch immer, haben sich angewöhnt, die Jetzt-Zeit ganz selbstverständlich für die Moderne zu halten und daraus messerscharf zu schließen, dass alles, was davor stattgefunden hat, zur Vor-Moderne gehören muss. Eine besondere Ausprägung dieser Denkfaulheit haben wir unmittelbar nach dem Ausscheiden und dem Tod Konrad Adenauers erlebt, als mit besonderem Fleiß die sogenannte 68er-Generation die Ära Adenauer als eine Ära der Restauration karikiert hat, um gleichzeitig den vermeintlich nun dringlichen Aufbruch in die Moderne zu proklamieren und selbstverständlich für sich in Anspruch zu nehmen. Ein so unverdächtiger und kluger Analytiker wie Hermann Lübbe hat schon vor einer

Reihe von Jahren darauf hingewiesen, dass dieser Versuch, die Adenauer-Ära als vormodern oder gar restaurativ zu etikettieren, ganz offenkundig in das Reich parteipolitischer Mythenbildung gehöre. Denn wenn man das Deutschland der Adenauerzeit sowohl mit der deutschen Zeit davor als auch mit den europäischen Verhältnissen zur gleichen Zeit in Verhältnis setze, dann sei eine geradezu stupende Modernität nur schwer zu übersehen.

Es gibt eine Reihe von Hinweisen sowohl in den Reden und vor allem im Handeln Adenauers, die diesen Veränderungs- und Erneuerungswillen in besonderer Weise dokumentieren. In einer Grundsatzrede erklärte Adenauer im März 1946, damals Vorsitzender der CDU der britischen Zone: „Unser Ziel ist die Wiedererstehung Deutschlands." Schon in dieser Rede wird deutlich, was ich mit dem Verhältnis von behaupteter Restauration und tatsächlicher Modernität gemeint habe: „Unser Ziel ist die Wiedererstehung Deutschlands, aber es soll nicht wiedererstehen das zentralistische, auch nicht das von Preußen als Vormacht geführte frühere Deutschland. Deutschland soll ein demokratischer Bundesstaat mit weitgehender Dezentralisation werden."

Das war zwei Jahre vor dem Parlamentarischen Rat, über dessen Arbeit in einem beachtlichen Teil der Literatur noch immer die Auffassung vertreten wird, es handele sich hier schlicht und ergreifend um die Umsetzung alliierter Vorgaben, das habe mit deutschen Vorstellungen relativ wenig zu tun gehabt. Noch bevor der Parlamentarische Rat überhaupt absehbar, geschweige denn konstituiert war, finden wir bei Adenauer eine glasklare Vorstellung, was anders werden muss in Deutschland, wenn Deutschland „wiedererstehen" soll. Er hat damals hinzugefügt, „wir glauben, dass eine solche staatliche Gestaltung Deutschlands auch die beste ist für die Nachbarländer. Ich hoffe, dass in nicht zu ferner Zukunft die Vereinigten

Staaten von Europa, zu denen Deutschland gehören würde, ge-schaffen werden und dass dann Europa, dieser so oft von Krie-gen durchtobte Erdteil, die Segnungen eines dauernden Frie-dens genießen wird." Churchill hat seine zu Recht berühmte Rede mit der Forderung zur Schaffung der Vereinigten Staaten von Europa ein paar Monate später gehalten.

Wer sich mit Adenauers Leben und Werk etwas intensiver beschäftigt, den wird am Ende nicht mehr sonderlich über-raschen, was auf den ersten Blick ausgesprochen verblüffend, vielleicht sogar kokett wirken mag, nämlich seine Bemerkung, unter allen seinen Leistungen, tatsächlichen oder ihm zuge-schriebenen Leistungen, sei ihm die gelungene Gründung einer völlig neuen Partei die wichtigste, die bedeutendste gewesen.

Das, was mit dieser Parteigründung und der damit aus-gelösten Eigendynamik für ein neues Deutschland auf den Weg gebracht wurde, ist an Innovativwirkung allerdings schwerlich zu überschätzen.

Als Konrad Adenauer erster Kanzler der Bundesrepublik Deutschland wurde, brachte er wie kaum jemand sonst politi-sche Erfahrungen aus drei Epochen deutscher Geschichte mit in sein neues Amt. Er hatte den Untergang des Bismarck-Rei-ches erlebt, das Scheitern der Weimarer Republik, die mons-tröse Unrechtsherrschaft des Nationalsozialismus, den Wahn-sinn eines mutwillig angezettelten totalen Krieges, er hatte Zerstörung und Niedergang erlebt, Besatzung und maßloses Elend. Er hatte selbst unter den Nationalsozialisten Ausgren-zung und Verfolgung erfahren und war persönlich integer aus dieser größten Katastrophe der deutschen Geschichte hervor-gegangen. Wie nachhaltig prägend die Politik dieses Mannes die Strukturen und das Gesicht dieses Landes in den folgenden Jahrzehnten bestimmt hat, wird wohl am besten dadurch deut-lich, dass zum einen die Wählerinnen und Wähler seine Politik mit bemerkenswerten Zuwächsen honorierten und dass zum anderen sämtliche Richtungsentscheidungen, die er in der Gründungsphase dieser Republik vorgeschlagen, auf den Weg gebracht und in streitigen Auseinandersetzungen durchgesetzt hat, im Laufe der Jahre von allen relevanten politischen Kräfte dieses Landes adoptiert wurden.

Die Übernahme von Grundlagen der Adenauerschen Nachkriegspolitik wurde in diesem Land gewissermaßen zum Test der Ernsthaftigkeit eines politischen Bewerbers. Ein grandioseres Dokument des Erfolgs demokratisch gestalteter Politik ist schwer vorstellbar. Es verdient in diesem Zusammenhang durchaus in Erinnerung gerufen zu werden, dass geradezu ausnahmslos jede dieser Richtungsentscheidungen das ziemliche Gegenteil dessen war, was man heute gerne einen Selbstläufer nennt. Ich erlaube mir die eher rhetorische Frage, welche dieser Entscheidungen – wie die Einführung der Marktwirtschaft, der Aufbau einer Armee, die Integration in den Westen – wohl ein Plebiszit überstanden hätte.

Ein Konsenspolitiker war Adenauer sicher nicht. Er hat den Streit geradezu gesucht, wo er ihn in der Sache für unvermeidlich gehalten hat. Und er hat ihn durchgestanden und auch damit ganz wesentliche Akzente für die Entwicklung einer demokratischen politischen Kultur in Deutschland gesetzt, für die es belastbare, vorhandene Anknüpfungspunkte, wenn überhaupt, nur in einem sehr bescheidenen Umfang gab.

Dies alles fand in einem gelegentlich virtuosen Umgang mit anderen Verfassungsorganen statt. Aber alle diejenigen, die sich mit der Art der Politikgestaltung von Adenauer kritisch auseinandersetzen, haben bei allen durchaus beachtlichen Einwänden gegen diese oder jene Vorgehensweise nie ernsthaft den Vorwurf eines Verfassungsbruchs oder eines mutwilligen Umgangs mit der Verfassung erhoben, die unter seiner tatkräftigen Führung im Parlamentarischen Rat damals formuliert worden war. Leichtfertig und offenkundig unüberlegt war allerdings seine überraschende Bewerbung für das Amt des Bundespräsidenten, von der er ebenso kurzfristig zurücktrat, wie er sie zur allgemeinen Verblüffung angemeldet hatte.

Das Thema, das die gesamte Amtszeit Konrad Adenauers in einer besonderen Weise begleitet und zugleich belastet hat, war das erklärte Ziel der Wiederherstellung der deutschen Einheit und die – häufig eher heftigen – Zweifel daran, ob sie unter den Bedingungen genau seiner Politik überhaupt jemals würde erreicht werden können. Adenauer selbst hat in seiner Abschiedsrede vor dem Deutschen Bundestag am 15. Oktober 1963 dazu folgende Bemerkung gemacht: „Wir haben die Wiedervereinigung noch nicht erreicht, obgleich ich glaube, dass wir am Horizont Möglichkeiten einer Wiedervereinigung kommen sehen, wenn wir achtsam und vorsichtig und geduldig sind, bis der Tag gekommen ist. Ich bin fest davon überzeugt, dass dieser Tag einmal da sein wird. Denn man kann einem Volke wie dem deutschen Volke nicht widersprechen und man kann keinen Widerstand leisten, wenn es in Frieden seine Einheit wiederherstellen wird."

Allerdings, und das war Teil des Streites, so wenig Adenauer zu irgendeinem Zeitpunkt seiner Amtszeit daran gedacht hat, das Ziel der Wiedervereinigung aufzugeben, wenn es auch noch so unrealistisch erschien, so wenig ist er auch nur an einem einzigen Tag seiner Amtszeit in der Versuchung gewesen, die Einheit um den Preis der Freiheit zu realisieren. Das erklärt zudem hinreichend seinen Umgang mit der berühmt-berüchtigten Stalin-Note von 1952 und nimmt im Übrigen ein Leitthema auf, nämlich seinen kurzen, knappen, programmatischen Satz: „Wir wählen die Freiheit." Dieser Satz findet sich zum ersten Mal in Adenauers Parteitagsrede 1950, als er in schöner Bestätigung seiner eigenen Empfehlungen über einen föderalistischen Aufbau der Bundesrepublik Deutschland zum

Bundesvorsitzenden der CDU Deutschlands erst gewählt wurde, nachdem er längst Bundeskanzler war.

Es gehört zu den Wahrnehmungsgewohnheiten im Umgang mit der Geschichte, den Ablauf der Ereignisse nachträglich für mehr oder weniger zwangsläufig zu halten. Tatsächlich war weder das Scheitern der Weimarer Republik zwangsläufig noch der Aufstieg des Nationalsozialismus, der Zweite Weltkrieg nicht, und das Wiedererstehen eines neuen freien demokratischen Deutschland mit einer inzwischen weltweit geachteten Rolle in Politik und Wirtschaft, Wissenschaft und Kultur schon gar nicht.

Als ich 1948 geboren wurde, war Deutschland ein vierfach geteiltes Land, politisch und wirtschaftlich zerstört, moralisch diskreditiert, mit einer zweifelhaften Zukunft. Ein Jahr später wurde die Bundesrepublik Deutschland gegründet, ein Grundgesetz beschlossen, ein freies Parlament demokratisch gewählt, und Konrad Adenauer wurde erster Kanzler.

„Im Anfang war Adenauer." Dieser oft zitierte Satz aus Arnulf Barings Standardwerk über „Außenpolitik in Adenauers Kanzlerdemokratie" gehört zu den grandiosen Vereinfachungen, die die Komplexität der Verhältnisse natürlich nicht annähernd hinreichend wiedergeben, aber mit traumwandlerischer Sicherheit das Wesentliche auf den Punkt bringen. „Im Anfang war Adenauer." Er hat Deutschland länger regiert, als die Weimarer Demokratie Bestand hatte. Dass die zweite deutsche Demokratie im Unterschied zur Weimarer Republik stabil wurde und stabil blieb, ist ganz wesentlich sein Verdienst. Als er 1963 zurücktrat mit der berühmten Bemerkung: „Ich gehe nicht leichten Herzens", waren die politischen Institutionen in Deutschland gefestigt. Eine völlig neue politische Volkspartei war fest etabliert. Deutschland war Bestandteil der westlichen Welt, Mitglied des Atlantischen Verteidigungsbündnisses, Gründungsstaat der Europäischen Gemeinschaft. Die

Versöhnung mit Frankreich war vollzogen, die Herstellung der Beziehungen zu Israel auf den Weg gebracht. Die politisch-moralische Reputation Deutschlands war wiederhergestellt, die deutschen Kriegsgefangenen waren auch aus der Sowjetunion zurückgekehrt. Die Bundesrepublik Deutschland war inzwischen die größte und erfolgreichste Volkswirtschaft Europas, die Soziale Marktwirtschaft ein weltweit beachtetes und bewundertes Konzept einer neuen, modernen Wirtschaftsordnung. Recht und Freiheit waren in einer bis dahin in der deutschen Geschichte unbekannten Weise gesichert. Die Einheit ließ noch weitere 25 Jahre auf sich warten. Dass sie schließlich dennoch möglich wurde, ist neben dem Freiheitswillen der Menschen in der damaligen DDR wie in ganz Mittel- und Osteuropa einer Politik der Bundesrepublik, der Europäischen Gemeinschaft und der Vereinigten Staaten zu verdanken, die Adenauer wie kein Zweiter entwickelt, geprägt und gegen Widerstände durchgesetzt hat.

Bei seiner Abschiedsrede vor dem Deutschen Bundestag hat Adenauer im Oktober 1963 zu Protokoll gegeben: „Ich bin stolz auf das deutsche Volk, ich bin stolz auf das, was das deutsche Volk in dieser verhältnismäßig kurzen Spanne Zeit geleistet hat. Wir Deutsche dürfen unser Haupt wieder aufrecht tragen, denn wir sind im Bund der freien Nationen ein willkommenes Mitglied geworden."

Als Adenauer dies damals formulierte, wird den meisten Deutschen als schiere Selbstverständlichkeit erschienen sein, was den meisten Deutschen bei seinem Amtsantritt als schlicht aussichtslos vorgekommen sein muss.

Die großen und die kleinen Aufgaben, die Tagesprobleme und die Herausforderungen, die wir heute in Staat und Gesellschaft bearbeiten und bewältigen müssen, beackern wir auf Feldern, die Adenauer zusammen mit anderen Gründungsvätern und -müttern bestellt hat. Und diejenigen von uns, die

79

für begrenzte Zeit demokratisch gewählt in wichtigen Ämtern besondere Verantwortung übernommen haben, stehen mit nicht immer erkennbarer Bescheidenheit auf Konrad Adenauers starken Schultern. Was wir dabei tun und in der Wahrnehmung dieser Ämter leisten, ist – wenn überhaupt – wichtig, weil er bedeutend war.

VIII. Streit muss sein
Der Deutsche Bundestag als Forum der Nation

Als am 7. September 1949 der erste Deutsche Bundestag zusammentrat, hatte der westdeutsche Teilstaat des geteilten Deutschland, den manche Zeitgenossen ebenso spöttisch wie liebevoll „Trizonesien" nannten, seine erste parlamentarische Vertretung.

Alterspräsident Paul Löbe erklärte zu Beginn der konstituierenden Sitzung, das deutsche Volk erhoffe sich von seinem Parlament, „dass wir eine stabile Regierung, eine gesunde Wirtschaft, eine neue soziale Ordnung in einem gesicherten Privatleben aufrichten, unser Vaterland einer neuen Blüte und neuem Wohlstand entgegenführen".

Der frühere langjährige Reichstagspräsident machte zugleich deutlich, wie schwer diese Aufgabe war. Er fügte hinzu: „Schier unüberwindlich scheinen die Hindernisse, die auf diesem Wege liegen, und ungezählte Scharen unserer Landsleute sind es, die von unserer Arbeit eine Minderung ihrer Sorge erwarten." Tatsächlich hätte damals kaum jemand die Erfolgsgeschichte für möglich gehalten, auf die wir inzwischen zurückblicken können.

Die Londoner „Times" hatte im Vorfeld der Bundestagswahl 1949 geschrieben, den Besatzungsmächten sei bei der politischen Verselbständigung ihrer Besatzungszonen „ähnlich zumute wie einem Vater, der seinen 18-jährigen Sohn zum ersten Mal mit Taschengeld und Hausschlüssel ausgehen" lasse. Die ganz große Mehrheit der Wahlberechtigten hat dieses Angebot jedenfalls angenommen. Die hohe Wahlbeteiligung von 78,5 Prozent wurde immer wieder auch als indirekte Zustimmung der Bürger zum Grundgesetz interpretiert, was vielleicht doch ein bisschen voreilig war; schließlich ergaben erste Umfragen, dass fast der Hälfte der wahlberechtigten Deutschen das Grundgesetz damals schlicht gleichgültig war. Sie hatten ganz andere Sorgen und Hoffnungen.

Über 60 Jahre später dürfen wir dankbar feststellen: Die von Paul Löbe beschriebenen Hoffnungen, die 1949 angesichts des Scheiterns der Weimarer Demokratie und der verheerenden Folgen des Zweiten Weltkrieges nur als äußerst optimistisch, geradezu kühn, bezeichnet werden konnten, haben sich erfüllt. Mit dem Inkrafttreten des Grundgesetzes und mit dem neubegründeten politischen System einer parlamentarischen Demokratie in Deutschland begann, zunächst nur im Westen unseres Landes, eine beispiellose Zeit des Friedens, der Freiheit, des wirtschaftlichen Aufschwungs und Wohlstands.

Das Grundgesetz hat dem Parlament zum ersten Mal in der deutschen Verfassungsgeschichte die entscheidende Position im Verfassungsgefüge eingeräumt. Es hat den Bundestag zu einem starken Parlament gemacht, zu der zentralen Institution im Gesetzgebungsprozess, die als das einzige unmittelbar vom Volk demokratisch legitimierte Verfassungsorgan maßgeblichen Einfluss auch auf die Besetzung und die Kompetenzen der anderen Organe ausübt, zu einem Parlament, ohne dessen Mitwirkung keine rechtswirksamen politischen Entscheidungen von Gewicht getroffen werden und ohne dessen Zustimmung keine völkerrechtlichen Verträge wirksam werden können. Diese herausragende, unaufgebbare und nicht delegierbare Funktion des Bundestages hat das Verfassungsgericht immer wieder bestätigt und bekräftigt.

Die parlamentarischen Anfänge waren durchaus beschwerlich. Für die 402 Abgeordneten und die acht nicht voll stimmberechtigten Berliner Vertreter standen damals ganze 50 Büros zur Verfügung, was gerade für das Präsidium und die Fraktionsvorstände ausreichte. Abgeordnete, die weder dem einen noch einem der anderen Gremien angehörten, erhielten ein Postfach in einem Stahlschrank, dazu einen nummerierten Sicherheitsschlüssel. Geschrieben und diktiert wurde in den Gängen und auf Treppenstufen. Der akute Mangel an Sitzgelegenheiten hatte aber auch durchaus Vorzüge. So erklärte Richard Stücklen, der zu den Mitgliedern des ersten Deutschen Bundestages gehörte, als dessen späterer Präsident: „Der Abgeordnete von '49 musste, wenn er sitzen wollte, ins Plenum oder ins Restaurant. Kein Wunder, dass die Plenarsitzungen damals stärker besucht waren als heute." Damals war auch das kulinarische Repertoire des Bundestagsrestaurants vermutlich oft noch weniger attraktiv als die parlamentarische Tagesordnung.

Vollständig behoben wurde das Provisorium nie. Erst 20 Jahre später, im Februar 1969 in der Amtszeit des Bundestagspräsidenten Eugen Gerstenmaier, wurde das auch als „Langer Eugen" bezeichnete Abgeordnetenhochhaus bezugsfertig. Die damit eröffneten Möglichkeiten galten damals als Quantensprung in der Unterbringung der Abgeordneten. Endlich verfügte jeder Abgeordnete über ein Einzelbüro. Sogar ein Waschbecken gab es, zum Waschen allerdings nur kaltes Wasser. Wenige Jahre später sollte der „Lange Eugen" dann bei neuen Abgeordneten einen geradezu verheerenden Ruf erhalten als beengter Kaninchenstall mit der bescheidenen Möglichkeit der adäquaten Unterbringung entweder der Abgeordneten oder ihrer Mitarbeiter, niemals aber beider gleichzeitig – sicherlich auch ein Zeichen dafür, wie rasch die vermeintlich guten alten Zeiten erst langsam immer besser wurden.

Schon in der ersten Wahlperiode waren Telefongespräche für die Abgeordneten zwar kostenfrei; wer aber zu lange telefonierte, wurde vom Bundestagspräsidenten persönlich ermahnt, sparsamer zu sein.

Bescheiden waren auch die Wohnungen, die in Bonn für die Abgeordneten zur Verfügung standen. Der Abgeordnete Günter Goetzendorff, der für die Wirtschaftliche Aufbau-Vereinigung (WAV) – auch das gab es damals – im Bundestag saß, hat die Situation so beschrieben: „In Bonn fand ich bei einem Studienrat ein Zimmer zur Untermiete. Dort wohnte ich mit meinem Abgeordnetenkollegen Dr. Adolf Arndt von der SPD. Wir waren sehr behelfsmäßig untergebracht. Wenn seine Frau zu Besuch kam, konnte ich frühmorgens das Badezimmer nicht benutzen, weil sie darin schlief."

Viele Abgeordnete der ersten Stunde verfügten über keinerlei parlamentarische Erfahrung. Ein Stenograf, der bereits für die Weimarer Nationalversammlung und den Parlamentarischen Rat gearbeitet hatte, charakterisierte den ersten Deutschen Bundestag bei einem Vortrag im März 1950 einmal so: „Da tauchten 402 Abgeordnete auf, von denen bestenfalls 10 Prozent etwas vom parlamentarischen Betrieb verstanden. Die anderen waren vollkommene Neulinge. Sie kommen mit Anforderungen aller Art, verstehen nichts, reden daher, dass sich einem die Fingernägel aufbiegen …"

In der Tat bestand auch das erste deutsche Parlament nach dem Zweiten Weltkrieg nicht aus „Wunderheilern", wie die Tageszeitung „Die Welt" die Konstituierung des ersten Deutschen Bundestages kommentierte. Dieses Parlament ist der ihm durch das Grundgesetz übertragenen Verantwortung aber zweifellos gerecht geworden und hat in den vergangenen Jahrzehnten mit dem Vertrauen, das der Verfassung und ihren Organen immer mehr zugewachsen ist, tragfähige politische Grundlagen gelegt, Grundlagen, die über die Bonner Zeit hinaus auch die Berliner Republik prägen.

Es hat große, denkwürdige Debatten gegeben: im alten historischen Plenarsaal, der gewiss nicht abgerissen worden wäre, wenn damals das Ende des Provisoriums absehbar gewesen wäre; später im Wasserwerk – das als Parlamentsgebäude weder gebaut wurde noch wirklich geeignet war und vielleicht gerade deshalb ganz besonders beliebt geworden ist –, in dem die Nachricht vom Fall der Berliner Mauer ein Höhepunkt unserer Parlamentsgeschichte wurde; schließlich im neuen Bonner Plenarsaal, einem glänzenden Beispiel zeitgenössischer Architektur und demokratischer Baukultur, den wir zu einem Zeitpunkt übernommen haben, als bereits klar war, dass wir nicht bleiben, sondern im wiedervereinigten Deutschland nach Berlin ins Reichstagsgebäude ziehen würden.

Aber es waren eben nicht nur die großen Debatten, die in Erinnerung geblieben sind, sondern auch die großen Entscheidungen, die in Bonn getroffen wurden und die den Weg unseres Landes bestimmt haben:

- In den ersten Jahren gelang es dem Deutschen Bundestag durch weitreichende gesetzgeberische Maßnahmen wie dem Lastenausgleichsgesetz, die Folgen von Krieg und Vertreibung zu lindern. In den gleichen Zeitraum fielen grundlegende außenpolitische Weichenstellungen, die der Zustimmung des Deutschen Bundestages bedurften, so der Deutschlandvertrag, das Wiedergutmachungsabkommen mit dem Staate Israel (1952), der Aufbau der Bundeswehr und der NATO-Beitritt (1955) sowie die Römischen Verträge (1957).

- Mit der Sozialgesetzgebung der 50er Jahre legte der Deutsche Bundestag die Fundamente für die Sozialstaatlichkeit der Bundesrepublik Deutschland. Dazu gehörten der Kündigungsschutz, das Kindergeld und die große Rentenreform. Auch die Verabschiedung des Betriebsverfassungsgesetzes, das den Arbeitnehmervertretungen in den Unternehmen Informations-, Konsultations- und Mitbestimmungsrechte verleiht, fällt in diese frühen Jahre.

85

- Zu den wichtigsten parlamentarischen Leistungen in der Zeit der Großen Koalition von 1966 bis 1969 gehören die Neuordnung der bundesstaatlichen Finanzverfassung, das liberalisierte Strafrecht, die Bewältigung der damaligen Krise des Arbeitsmarktes und die Entscheidung für die Lohnfortzahlung im Krankheitsfall. Die leidenschaftlichen Debatten über die sogenannten „Notstandsgesetze" sind unvergessen; die damit verbundenen Befürchtungen wie Beschwörungen haben sich längst erledigt.

- In der Zeit der ersten sozialliberalen Koalition Anfang der 70er Jahre wurden der Moskauer und der Warschauer Vertrag sowie der Grundlagenvertrag mit der DDR geschlossen, ergänzt um den „Brief zur deutschen Einheit". 1972 trat die Bundesrepublik Deutschland den Vereinten Nationen bei, ein Schritt, den der Deutsche Bundestag parlamentarisch begleitete und ratifizierte.

- Als 1989 infolge der friedlichen Revolution in der DDR die Mauer fiel, flankierte der Deutsche Bundestag die außenpolitischen wie die innenpolitischen Initiativen der Bundesregierung zur Wiederherstellung der deutschen Einheit. Der Einigungsvertrag wurde ratifiziert. Am 20. Dezember 1990 nahm zum ersten Mal seit 1932 ein frei gewähltes gesamtdeutsches Parlament seine Arbeit auf. Dieses Parlament beschloss 1991 den Umzug der Regierung und des Parlaments von Bonn nach Berlin, übrigens mit einer ähnlich knappen Mehrheit wie bei der ersten Entscheidung im November 1949 für Bonn statt Frankfurt als Sitz der Verfassungsorgane.

- Den Prozess der europäischen Integration hat der Deutsche Bundestag seit den 50er Jahren konstruktiv begleitet und maßgeblich mitbestimmt. Dazu gehörte die Zustimmung zum Vertrag über die Europäische Verteidigungsgemeinschaft. Dieser Vertrag, der schon damals eine erstaunlich weitgehende Bereitschaft zur Übertragung von nationalen

Hoheitsrechten voraussetzte, ist weder im Deutschen Bundestag noch beim Bundesverfassungsgericht gescheitert, sondern in der französischen Nationalversammlung, die ihre Zustimmung verweigerte. Alle weiteren Integrationsschritte von der Wirtschaftsgemeinschaft über die Europäische Gemeinschaft bis zur Union und die damit verbundenen europäischen Verträge sind im Deutschen Bundestag verhandelt und regelmäßig mit breiten fraktionsübergreifenden Mehrheiten ratifiziert worden. Seit Anfang 2007 unterhält der Bundestag ein eigenes Verbindungsbüro in Brüssel, um seine Verpflichtungen in europäischen Angelegenheiten auch unabhängig von der Regierung angemessen erfüllen zu können.

Dass der Deutsche Bundestag der zentrale Ort der politischen Entscheidungsfindung in Deutschland ist, zeigt sich nicht nur an den großen Richtungsentscheidungen, die in unserem Parlament getroffen worden sind. Es zeigt sich auch an den Persönlichkeiten, mit denen die deutsche Nachkriegsgeschichte in Verbindung gebracht wird. So sind, ohne dass das Grundgesetz dies als verfassungsrechtliche Bedingung so bestimmte, ausnahmslos alle Bundeskanzler aus der Mitte des Deutschen Bundestages gewählt worden oder haben, wie im Falle Kurt Georg Kiesingers, die nächste Gelegenheit genutzt, sich um ein Mandat im Deutschen Bundestag zu bewerben. Das gilt übrigens gleichermaßen für nahezu alle Bundesminister. Der Bundestag ist also auch die wichtigste Institution für die Rekrutierung des politischen Spitzenpersonals der Exekutive.

Zweifellos hat der Bundestag wesentlich dazu beigetragen, dass sich die Bundesrepublik Deutschland zu einer parlamentarischen Demokratie entwickelt hat, die um vieles stabiler, auch solider, in sich gefestigter und viel breiter akzeptiert ist, als dies der Weimarer Republik vergönnt war. Der zu einem solchen dezidierten Urteil aus mancherlei Gründen besonders geeignete und berufene damalige Außenminister Joschka Fischer hat in Verbindung mit dem Umzug nach Berlin festgestellt, „dass die deutsche Demokratie im fünfzigsten Jahr ihres Bestehens keine Systemfrage mehr kennt ... und dies ist eine überaus beruhigende Botschaft für Berlin und die ‚Berliner Republik‘." Das hätte der Abgeordnete und Parlamentarische Geschäftsführer der Grünen Joschka Fischer bei seiner ersten Wahl in den Deutschen Bundestag ganz sicher nicht so formuliert.

Diese Entwicklung hat auch mit der politischen und parlamentarischen Kultur zu tun, die sich in den ersten Nachkriegsjahrzehnten vielleicht nur in Bonn so günstig entwickeln konnte. So wurde die Bezeichnung „Bonner Republik" im Laufe der Jahrzehnte im In- und Ausland immer mehr zu einem Qualitätsmerkmal. In den Worten von Egon Bahr: „Sie stand für Überschaubarkeit, Berechenbarkeit, Durchsichtigkeit und den daraus zu ziehenden Schluss: vielleicht etwas provinziell, vielleicht etwas spießig, aber sicher nicht bedrohlich; vor diesen Deutschen braucht man keine Angst zu haben."

Die Bonner Jahre haben diese Republik geprägt, und sie prägen sie noch heute. 8.547 Gesetzentwürfe wurden bis zum Umzug nach Berlin in den Deutschen Bundestag eingebracht und 5.505 Gesetze verabschiedet. Schon zu seinem 20. Geburtstag bezeichneten Journalisten den Deutschen Bundestag als „fleißigstes Parlament der Welt". Es ist deswegen nicht weiter erstaunlich, dass Verfahren und Stil der Bonner Republik ohne jede substanzielle Änderung nach Berlin übertragen wurden. Wer sich heute in Bonn und Berlin umsieht, wird feststellen: Der Umzug hat Bonn offensichtlich stärker verändert als das Parlament und unser politisches System.

„Bonn ist nicht Weimar", hatte der Deutschlandkorrespondent der Zürcher „Tat" , René Allemann, schon in der zweiten

Hälfte der 50er Jahre erleichtert festgestellt. Der Satz wurde zum geflügelten Wort. Bonn ist nicht Weimar, und Berlin ist in mancherlei Hinsicht Bonn geblieben. Das eine ist so beruhigend wie das andere.

In der Bonner Republik wurden die Fundamente für eine politische Kultur gelegt, die zwar durchaus heftige Auseinandersetzungen kennt, die aber stets auch die Bereitschaft zum Kompromiss und die Kraft zur Integration hatte. Nichts verdeutlicht dies vielleicht besser als die Entwicklung der Grünen, die 1983 dezidiert systemkritisch als Antiparteien-Partei in Bonn auftraten, als Bewegung, die mit „diesem ganzen Laden" nichts zu tun haben wollte und deren Repräsentanten im Parlament Wert darauf legten, sich nicht nur äußerlich von den etablierten Politikern zu unterscheiden, sondern zum Beispiel auch dadurch, dass sie ihre Mandate nach dem Rotationsprinzip nach zwei Jahren an sogenannte Nachrücker weitergeben wollten – oder jedenfalls sollten.

Es spricht weder gegen die Partei, die sie schließlich doch geworden ist, noch gegen den deutschen Parlamentarismus, wenn man heute feststellt, dass die Grünen durch unser parlamentarisches System stärker verändert worden sind als dieses System durch sie.

Nicht nur das Beispiel der Grünen zeigt im Übrigen, dass der Deutsche Bundestag nicht auf ein bestimmtes Parteiensystem festgelegt und unser Wahlsystem gegenüber Änderungen im Wahlverhalten flexibler ist als oft behauptet. Das personalisierte Verhältniswahlrecht und die Fünfprozentklausel begrenzen eine zu starke Zersplitterung der organisierten Meinungen im Parlament und erleichtern damit die parlamentarische Willensbildung, verhindern den Zugang neuer politischer Kräfte in den Bundestag aber offenkundig keineswegs. Im ersten Deutschen Bundestag, für den es die Fünfprozentklausel in der jetzigen Form nicht gab, waren insgesamt zehn Parteien vertreten. Im Laufe der Jahre ist bei prinzipiell gleichem Wahlrecht durch Wählerentscheid die Anzahl der im Parlament vertretenen Gruppierungen auf drei Fraktionen zurückgegangen und schließlich auf vier, heute fünf Fraktionen wieder angewachsen.

Die Erfolgsgeschichte der zweiten deutschen Demokratie ist nicht zuletzt auch den politischen Parteien zu verdanken. Bei keiner anderen Institution ist die Diskrepanz zwischen tatsächlicher Leistung und niedriger Reputation so groß wie bei ihnen. Perfekt sind die Parteien hierzulande gewiss nicht – ebenso wenig wie die Unternehmen, die Banken, die Gewerkschaften, die Vereine und die Verbände. Aber sie haben mit ihren vielen Tausend Mitgliedern und ganz überwiegend ehrenamtlichen Funktions- und Mandatsträgern einen beachtlichen Beitrag zur Artikulation von Interessen wie zur Konsensbildung unserer Gesellschaft geleistet, der mehr Anerkennung verdient, als das in der Öffentlichkeit meist geschieht.

Der Demokratie als Staatsform standen viele Menschen in diesem Lande zunächst sehr skeptisch gegenüber. Das wird nicht nur in der Literatur deutlich, sondern auch in vielen politischen Biografien. So heißt es in den Erinnerungen von Erich Mende: „Natürlich waren wir uns alle darüber klar, dass auch an dem zweiten Beginn der deutschen Demokratie viel Abneigung, ja sogar Feindseligkeit in weiten Kreisen der Bevölkerung zu erwarten war. Theodor Heuss hatte mit Recht die Unpopularität der deutschen Demokratie beklagt. Sie sei zweimal nach einer Niederlage … nach Deutschland gekommen. Warum sollten ausgerechnet wir es einfacher haben als die Abgeordneten der Reichstage nach 1919 in Berlin, noch dazu in einem zerstörten, geteilten und besetzten Deutschland der drei Westzonen hier in Bonn?"

Inzwischen hat sich Deutschland im Unterschied zur Weimarer Republik zu einer Demokratie mit überzeugten Demokraten entwickelt: Bei einer im Herbst 2008 veröffentlichten repräsentativen Umfrage erklärten 95 Prozent der Befragten, Befürworter der demokratischen Idee zu sein, und immerhin drei Viertel sind auch mit der konkreten Form zufrieden, die die Demokratie im Grundgesetz gefunden hat.

Einzuräumen ist allerdings, dass sich nur 45 Prozent der Befragten auch mit der Praxis der Demokratie in Deutschland zufrieden zeigen, was in Anbetracht der zuvor genannten Zahlen ganz offenkundig nicht als ein Zeichen von Demokratieverdrossenheit gewertet werden kann, sondern als manchmal lästige, jedenfalls aber legitime Kritik an konkreten Entscheidungen oder Entwicklungen. Manches, was vorschnell als „Politikverdrossenheit" interpretiert wird, ist vielleicht eher Ausdruck eines gereiften Urteilsvermögens, zwischen den Prinzipien unserer Verfassung auf der einen Seite und ihrer alltäglichen Praxis auf der anderen Seite unterscheiden zu können – und auch zu wollen.

Was viele Bürgerinnen und Bürger an der Politik ganz offenkundig stört, sind politischer Streit und zähe Entscheidungsprozesse. Beides müssen die Wähler wie die Gewählten allerdings aushalten; Streit muss sein. Demokratie ist kein Verfahren zur Vermeidung von Streit, sondern zur Herbeiführung mehrheitlich getragener Lösungen, und demokratische Lösungen sind weder durch autoritäre Kommandos noch im Hauruckverfahren zu haben, schon gar nicht angesichts der komplexen und komplizierten Probleme, um die es geht.

„Die öffentliche Lust auf eine alexandrinische, knotenzerhauende Politik ist eine undemokratische Lust." So hat Heribert Prantl in einem lesenswerten Kommentar der „Süddeutschen Zeitung" geschrieben und hinzugefügt: „Ein Demokrat haut nicht schnell zu, sondern nestelt herum; er lässt nicht die Fetzen fliegen, sondern versucht, die Knoten zu lösen."

Dieser Bundestag war nie und ist gewiss auch heute kein „Treibhaus", wie Wolfgang Koeppen ihn in seinem berühmten Roman aus den 50er Jahren beschrieb, schon gar kein „einfältiger Chor" zu einem von wem auch immer vorgetragenen Solo. Im Deutschen Bundestag wurde die Regierungsarbeit im Gegenteil immer kritisch, aber konstruktiv begleitet und von Teilen der Abgeordneten nicht selten auch leidenschaftlich bekämpft, in einigen wichtigen Fragen gelegentlich auch unabhängig von der Fraktionszugehörigkeit. Und im Unterschied zur Weimarer Republik wird in diesem Parlament die Bereitschaft zum Kompromiss als demokratische Tugend begriffen und praktiziert. Deshalb haben wir allen Grund dazu, stolz auf dieses Parlament und unsere inzwischen über 60-jährige parlamentarische Tradition zu sein und selbstbewusst in die Zukunft zu blicken.

Wer um die Anfänge weiß, muss diese 60 Jahre nicht für ein Wunder halten, aber doch für eine glückliche Fügung, ein Geschenk, für das wir dankbar sein sollten.

Alle, die heute in Deutschland leben, profitierten von guten, historisch beispiellosen ökonomischen, politischen und sozialen Rahmenbedingungen. Umso größer ist die Versuchung, diese Bedingungen für eine Selbstverständlichkeit zu halten und sich nicht klarzumachen, dass dies eben nicht der Regelfall der deutschen Geschichte ist, sondern die seltene, aber glücklicherweise nun seit Jahrzehnten stabile Ausnahme, eine Errungenschaft, die immer wieder unser Engagement erfordert. Dazu gehört mindestens die Teilnahme an Wahlen, die auch längst für selbstverständlich gehalten werden, ohne dies auch als selbstverständliche Verpflichtung aller Staatsbürger zu begreifen.

„Eine stabile Regierung, eine gesunde Wirtschaft, eine neue soziale Ordnung in einem gesicherten Privatleben" – das waren 1949 die von Paul Löbe beschriebenen Erwartungen der Deutschen an ihr Parlament. Als „erste Aufgabe" der Abgeordneten nannte Löbe dazu die Wiedergewinnung der deutschen Einheit, verbunden mit der Versicherung, „dass dieses Deutschland ein aufrichtiges, von gutem Willen erfülltes Glied eines geeinten Europa sein will".

Auch diese Hoffnung hat sich erfüllt.

IX. Alle Staatsgewalt geht vom Volke aus

Von Wahlen und Abstimmungen, Parlamenten und Plebisziten

Die Wahrung von Wohlstand und sozialer Sicherheit bei rückläufiger Bevölkerung und steigender Lebenserwartung ist unter den Wettbewerbsbedingungen der Globalisierung erheblich schwieriger; die über Jahrzehnte gewohnten Zuwächse sind beinahe unerreichbar geworden. Was heute politisch entschieden werden muss, hat deswegen von vornherein eine hohe Aussicht auf Skepsis, Zweifel, Widerstand, was wiederum die Neigung befördert, solche Entscheidungen – zum Beispiel unvermeidbare Sozialreformen – eher vor sich herzuschieben. Im Spannungsfeld zwischen Verniedlichung und Übertreibung von Problemen ist die Verunsicherung der Wählerschaft eine fast notwendige Folge.

Zudem empfinden die Menschen die Reformarbeit oft als technokratische Herzlosigkeit, die gegen ihr Gerechtigkeitsgefühl verstößt. Nicht immer versteht es die Politik, den Bürgern solche Maßnahmen als im eigenen Interesse wie vor allem im Interesse künftiger Generationen unverzichtbar zu vermitteln. In der Kommunikation zwischen Politik und Bürger gibt es also ganz sicher manches zu verbessern. Falsch wäre es allerdings, wenn die Politik aus Angst vor unfreundlichen Reaktionen bei notwendigen Reformen auf halbem Wege stehen bleiben würde. Politik muss kontinuierliche Überzeugungsarbeit leisten, und das tut sie am besten durch den Nachweis des Erfolgs. Dass in einer etwas längeren Legislaturperiode die Aussicht wächst, diese Nachweise vor dem nächsten Wahltermin erbringen zu können, liegt auf der Hand. Ich plädiere deshalb dafür, die Legislaturperiode des Bundestages auf fünf Jahre zu verlängern. Damit würde man der Bundesregierung wie in vielen anderen europäischen Ländern einen etwas größeren Zeitraum schaffen, in dem Vorhaben so auf den Weg gebracht werden können, dass sie bis zur nächsten Wahl Wirkung entfalten. Dabei müssen sich die Parteien allerdings an den Absichten und Ankündigungen messen lassen, mit denen sie im letzten Wahlkampf um Wählerstimmen geworben haben.

Die Veröffentlichung von Umfrageergebnissen, die das schlechte Image praktischer Politik belegen sollen, wird stets mit Empfehlungen verbunden, wie der Misere zu begegnen sei. Vorgeschlagen wird etwa, die Möglichkeiten der Direktwahl von Kandidaten für politische Ämter zu vergrößern, zumindest innerhalb der Parteien, und die Einführung von Plebisziten. Solche Vorschläge scheinen auf den ersten Blick einleuchtend, bedürfen aber durchaus der sorgfältigen Nachfrage, ob sie zur Abhilfe des beklagten Zustandes tatsächlich geeignet sind. Was die Forderung nach breiter Beteiligung bei der Aufstellung von Kandidaten angeht, so ist anzumerken, dass immer häufiger die Kandidaten nicht von Delegierten, sondern von allen Mitgliedern der Partei im jeweiligen Wahlkreis aufgestellt werden. Der Vorschlag, die Kandidaten von „allen betroffenen" Bürgern aufstellen zu lassen, bedient zwar ein tiefes Unbehagen gegenüber den Parteien und ihren Mitgliedern, das in Deutschland leider eine lange und keine gute Tradition hat. Er verkennt aber zum einen, dass die Parteien ohnehin kein exklusives Recht zur Aufstellung von Kandidaten haben, und zum anderen, dass deren Eignung als Repräsentanten einer bestimmten Partei und ihrer Politik noch am ehesten von deren Mitgliedern beurteilt werden kann. Über einen stärkeren Einfluss der Wähler auf die Reihenfolge der auf den Parteilisten berücksichtigten Kandidaten durch Kumulieren und Panaschieren von Stimmen lohnt es sich durchaus nachzudenken.

Allerdings muss man wissen, dass damit in der Regel die bekannten Persönlichkeiten und selten neue, junge Bewerber begünstigt werden.

Auch die Forderung nach mehr Bürgerbeteiligung in Sachfragen durch Volksbegehren oder Volksentscheide ist populär, aber sicher nicht unproblematisch. Plebiszite sind sinnvoll eigentlich nur da möglich, wo es um wichtige und zugleich überschaubare Fragen geht, die sich auf eine Ja-Nein-Entscheidung reduzieren lassen. Bei allen komplexen Entscheidungen ist das System repräsentativer Demokratie besser geeignet – trotz aller Mängel und Unzulänglichkeiten, die es auch hat. Jedenfalls wären die großen Richtungsentscheidungen in der Geschichte der Bundesrepublik – die inzwischen alle von großen Mehrheiten akzeptiert worden sind – wohl ausnahmslos nicht über Plebiszite herbeizuführen beziehungsweise durchzusetzen gewesen.

Nach der aufsehenerregenden Schweizer Volksabstimmung zum Verbot des Baus von Minaretten 2009 wird kaum noch vermutet, von Parlamenten gefällte Entscheidungen hätten gegenüber Plebisziten nur eine zweitklassige Legitimation. Auffällig ist jedenfalls, dass diese Entscheidung gerade von wissenschaftlichen Befürwortern einer plebiszitären Demokratie besonders leidenschaftlich kritisiert wird. Tatsächlich sind Volksabstimmungen eine andere, gleichwertige, aber nicht unbedingt bessere Form demokratischer Willensbildung. Denn die politische Kultur einer Demokratie ist eben nicht allein an dem eher banalen Umstand zu erkennen, dass die Mehrheit entscheidet. Mindestens ebenso wichtig ist es, dass Grund- und Menschenrechte, gerade auch von Minderheiten, gewahrt bleiben. Das gestehen Mehrheiten im Allgemeinen zwar gerne zu, muss im konkreten Fall aber immer wieder aufs Neue verteidigt werden. Die Frage, wie dies sichergestellt werden kann, darf bei der Diskussion um Volksabstimmungen nicht außer

Acht gelassen werden. Es ist jedenfalls eine kühne Vorstellung, besonders wichtige Fragen vorzugsweise durch Plebiszite zu entscheiden, ihre Ergebnisse im Einzelfall aber korrigieren zu wollen.

Sollen Gerichte über die Ergebnisse von Plebisziten befinden? So wie etwa das Bundesverfassungsgericht auch Gesetze für nichtig erklären kann, die der Deutsche Bundestag verabschiedet hat? Im Fall der Volksabstimmung über die Zulässigkeit des Baus von Minaretten wird bereits der Ruf nach dem Europäischen Gerichtshof für Menschenrechte laut, dessen Rechtsprechung sich auch die Schweiz unterworfen hat. Wäre dessen Entscheidung die Lösung oder das nächste Problem?

Die Autorität eines Gerichts, das sich gegen in Plebisziten gefundene Abstimmungsergebnisse stellt, würde ebenso strapaziert wie die Akzeptanz seiner Entscheidungen – auf diese ist aber gerade verfassungsgerichtliche Rechtsprechung angewiesen; sie kann nämlich in der Regel nicht im Wege der Zwangsvollstreckung durchgesetzt werden.

Wer unsere repräsentative Demokratie um plebiszitäre Elemente ergänzen will, sollte daher nicht auf nachträgliche verfassungsrichterliche Kontrolle setzen, sondern auf die vorherige Prüfung der Zulässigkeit einer Volksabstimmung. Diese müsste sich selbstverständlich auf die Frage beschränken, ob ein denkbares Ergebnis der Abstimmung gegen fundamentale Verfassungsprinzipien, insbesondere Minderheiten- und Menschenrechte, verstoßen könnte. Das wäre mindestens bei einer Verletzung jener Grundrechte zu bejahen, die der sogenannten Ewigkeitsgarantie unterliegen, also in keinem Fall geändert werden dürfen.

Es müsste zudem überlegt werden, wie auch solche Bestimmungen unseres Grundgesetzes geschützt werden, die dieser Garantie nicht unterliegen und dennoch unantastbar sein sollten, etwa das Verbot der Todesstrafe. Es gibt also sowohl grundsätzliche wie praktische Probleme bei Plebisziten, die sich ganz sicher nicht als überlegenes Verfahren demokratischer Entscheidungsfindung eignen.

„Das Parlament ist heute demokratischer als jedes Plebiszit. Es schützt Minderheiten und wehrt Populisten ab", hat Heinrich Wefing in der „Zeit" bündig festgestellt. Die Möglichkeiten zur Information und zur Kommunikation, mit deren Hilfe sich Interessen rasch bilden, bündeln und organisiert vertreten lassen, haben sich geradezu explosionsartig vermehrt; fast täglich melden Demoskopen ihre Ergebnisse zu nahezu allen Fragen von größerer Relevanz. Das hat die Bindung der politischen Repräsentanten an die Repräsentierten auch jenseits von Wahlen erheblich verstärkt.

Hinzu kommen die Vorteile parlamentarischer Entscheidungsprozesse, etwa die Möglichkeit zum Kompromiss. Dazu sind Volksabstimmungen prinzipiell nicht in der Lage. Vor allem aber verweigern sie einen wesentlichen Vorzug demokratischer Kultur: die Identifizierung politischer Verantwortung. Parlamentarische Mehrheiten sind identifizierbar, plebiszitäre Voten nicht.

Auch deswegen erweist sich der Deutsche Bundestag entgegen gelegentlich geäußerten Vermutungen eines allgemeinen Bedeutungsverlustes der Parlamente bei den bedeutenden aktuellen und grundsätzlichen Fragen nach wie vor als das wichtigste Forum der Nation. Seine Debatten sind nicht immer aufregend, aber sie führen zu politischen Entscheidungen, die für das ganze Land verbindlich sind. Politische Talkshows mögen unterhaltsamer sein, aber sie bewirken wenig und entscheiden nichts. Ob Sterbehilfe erlaubt sein sollte und jede genetische Manipulation werdenden Lebens verboten, ob Steuern gesenkt oder erhöht, Sozialleistungen gekürzt, Bundeswehreinsätze verlängert werden, ob die Europäische Union erweitert wird und ob und welche nationalen Zuständigkeiten wir internationalen Organisationen übertragen wollen: Dies alles wird öffentlich debattiert und im Parlament entschieden. Und dort gehört es auch hin.

Die Föderalismusreform, der größte Umbau in der politischen Architektur der Republik seit 1949, hat die Rolle der Landtage wie die Rolle des Bundestages gestärkt. Und nimmt man die Entscheidungen des Bundesverfassungsgerichts hinzu, welche die Notwendigkeit der Legitimation von Entscheidungsprozessen durch parlamentarische Akte ausdrücklich bekräftigen, dann spricht auch unter diesem Gesichtspunkt relativ wenig für die These eines kontinuierlichen Verfalls von Bedeutung oder Einfluss, wohl aber des Ansehens von Parlamenten und anderen politischen Institutionen. Kein Anlass zur Panik, wohl aber zum Engagement auch und gerade von verdrossenen Demokraten.

X. Geistig öde, ethisch verlogen, ästhetisch roh
Vom Bild und Selbstbild der Parlamentarier
in Deutschland

Das Bild und das Selbstbild der Parlamentarier in Deutschland ist ein ewig schönes und dankbares, jedenfalls unerschöpfliches Thema, in das ich mit der Bemerkung einführen möchte, dass weder die Geltung parlamentarischer Entscheidungen noch die Bedeutung von Parlamenten vom Bild oder gar dem Selbstbild der Parlamentarier abhängen. Gleichwohl besteht die begründete Vermutung, dass zwischen dem Bild und der Wahrnehmung von Parlamentariern einerseits und mindestens der Wahrnehmung von Parlamenten und möglicherweise auch ihrer Relevanz andererseits ein Zusammenhang besteht. Allein unter diesem Gesichtspunkt macht es natürlich Sinn, sich etwas intensiver und genauer mit einem Befund auseinanderzusetzen, der, wenn man sich allein auf die Medienberichterstattung stützt, sehr übersichtlich erscheint: Mindestens das Bild von Parlamentariern – nicht nur in Deutschland, aber jedenfalls auch hier – ist, freundlich formuliert, sehr bescheiden. Ihre Reputation ist in den vergangenen Jahren kontinuierlich gesunken. Ob eine jüngere Erholung in den statistischen Umfragedaten eine Trendumkehr bedeutet, darüber will ich keine Spekulationen anstellen. Aber dass zwischen dem Bild beziehungsweise dem Selbstbild von Parlamentariern und der Bedeutung von Parlamenten sowie der Geltung ihrer Entscheidungen kein Kausalzusammenhang besteht, lässt sich aufzeigen, nicht zuletzt auch mit Blick auf die 60 Jahre Parlamentarismusgeschichte der Nachkriegszeit. Ich jedenfalls glaube nicht, dass in den Anfangsjahren der Bundesrepublik Deutschland und damit in den ersten Jahren auch eines neu formierten deutschen Parlamentarismus, als das Ansehen der Parlamentarier deutlich höher war, auch die Bedeutung des Parlaments entsprechend größer war als heute.

Schon für die Frankfurter Nationalversammlung kann man, mit den unvermeidlichen Einschränkungen, die bei Vergleichen immer angezeigt sind, durchaus sagen, dass das Bild der Parlamentarier nicht über jeden Zweifel erhaben war. Das häufig so charakterisierte Professorenparlament erfreute sich nämlich keineswegs einer andächtigen öffentlichen Bewunderung. Vielmehr hat allein die durch diese Bezeichnung beschriebene Zusammensetzung des Parlaments mindestens so viel Zweifel wie Zustimmung zu den Erfolgsaussichten der damaligen Bemühungen ausgelöst. Gleichwohl: Auch dieses in seinen eigentlichen Absichten aus bekannten Gründen am Ende nicht erfolgreiche Parlament hat in der kurzen Zeit seines Wirkens wesentliche Grundlagen des deutschen Parteien- und Fraktionswesens entwickelt. Vieles, was danach in politischen Gruppierungen fortgesetzt wurde, hat in den – aus rein praktischen Erwägungen entstandenen – Arbeitsstrukturen der Frankfurter Nationalversammlung seinen Ursprung gehabt. Wenn ich mich gelegentlich mit der Perspektive des gelernten Politikwissenschaftlers über das Thema „Bild und Selbstbild von Parlamentariern" beuge, dann habe ich manchmal den Eindruck, dass sich in der öffentlichen Wahrnehmung im Kern über die Jahre und Jahrzehnte hinweg fast nichts verändert hat. Ich will das an zwei Zitaten verdeutlichen.

„Dem Deutschen Bundestag fehlt es an parlamentarischer Tradition. Die Mehrzahl seiner Abgeordneten hatte vorher noch nie einem Parlament angehört. Hier muss noch um die Formen und um die Routine gerungen werden, ohne die heikle

Situationen nur schwer zu meistern sind. Mancher Zwischen-
ruf, der den Bundestag in so leidenschaftliche Erregung ver-
setzte, wäre in erfahrenen Parlamenten wahrscheinlich bloß
belächelt worden. Über manche gewollte oder ungewollte Ent-
gleisung, die man hier so pathetisch nahm, hätte man einfach
hinweggesehen. ... Die Diskussion ist noch nicht sachlich dis-
zipliniert. Man redet zu viel aneinander vorbei und zu oft zum
Fenster hinaus, anstatt in den Saal hinein." Das schrieb Robert Strobel in der „Zeit" vom 29. Dezember 1949. Würde dieser Artikel in einer neueren Ausgabe der
„Zeit" erscheinen, würde sich die Zahl der Zusendungen, dass
es sich hier offenkundig um ein Remake handelt, vermutlich
in engen Grenzen halten. Interessant ist übrigens auch die
Kommentierung eines italienischen Korrespondenten von „Il
Messaggero" ebenfalls aus dem Jahr 1949, der die „erbärmli-
che, nackte Sprache ohne Blüten und ohne Aroma" beklagt,
die er in den Anfangsjahren des Deutschen Bundestages ange-
troffen habe – mit dem zugegebenermaßen sehr blumigen
Bild: Er habe nicht nur keine rednerischen Leckerbissen für
Feinschmecker gefunden, sondern „auch am einfachen Braten
herrschte Mangel, und im Übermaß war nur der Eintopf vertreten." Der gute Mann wird Cicero noch persönlich gehört
haben und war insofern in seinen Ansprüchen verwöhnt,
aber auch hier kann man manche Erwartungen wiederfinden,
die sich ganz offenkundig doch mit einer beachtlichen Stabilität durch die deutsche Parlamentsgeschichte ziehen.

Ich möchte noch auf einen zweiten Aspekt hinweisen: Das
ist der Zusammenhang von strukturellen Rahmenbedingungen
der Arbeitsweise eines Parlaments und dem Typus von Parlamentariern, der sich unter solchen Bedingungen nun einmal
entwickelt oder nicht, vorhanden ist oder nicht vorhanden ist,
zur Verfügung steht oder nicht zur Verfügung steht. Die berühmten Honoratiorenparlamente der Anfangsjahre, die die

einen Kommentatoren als abschreckendes Beispiel und eine bemerkenswerte Minderheit von Kommentatoren ausdrücklich oder heimlich als nie wieder überbotene Vorbilder empfehlen, sind natürlich ganz wesentlich von den damaligen rechtlichen Voraussetzungen der Arbeit von Parlamenten und dem Status von Abgeordneten geprägt gewesen – nicht zuletzt auch von der Verweigerung der Bezahlung der Abgeordnetentätigkeit. Dass Otto von Bismarck, dessen Begeisterung für den Parlamentarismus sich bekanntlich in sehr engen Grenzen hielt, auch und ausdrücklich deshalb nichts von der Bezahlung von Parlamentariern hielt und hartnäckig am Honoratiorenprinzip festhielt, erklärt sich ganz wesentlich aus dem Umstand, dass er genau die Veränderung des Typs von Parlamentariern befürchtete, die nach der Einführung von Diäten und der späteren Veränderung von Diäten als Aufwandsentschädigungen zu steuerpflichtigen Bezügen natürlich eingetreten ist.

Die – aufgrund einer Entscheidung des Bundesverfassungsgerichts in den 70er Jahren veranlasste – Umstellung auf steuerpflichtige Bezüge hat natürlich Spuren hinterlassen, nicht nur im Bild und im Selbstbild, sondern im Typus von Parlamentariern, die unter diesen Voraussetzungen zur Verfügung stehen. Schließlich hat auch die Einführung von gesetzlichen Verhaltensregeln Folgen für den Typus von Abgeordneten, der unter diesen Bedingungen zur Verfügung steht oder nicht zur Verfügung steht, der ein einmal übernommenes Mandat fortzuführen bereit ist oder sagt: Ich kann anderswo ohne diese Erwartungen und Verpflichtungen mit geringerem Aufwand leichter mehr Geld verdienen. Auch dies scheint mir bei dem Bemühen um eine wissenschaftliche Aufarbeitung eines komplizierten Zusammenhangs eine durchaus interessante und notwendige Fragestellung.

Ich halte das Image von Politikern und insbesondere das Bild von Parlamentariern ausdrücklich nicht für irrelevant.

Aber ich empfehle, die immer wieder in diesem Zusammenhang vorgetragenen Befunde weder zu verniedlichen noch zu dramatisieren. Einmal, weil der kausale Zusammenhang zwischen der Imagefrage und der Relevanzfrage – jedenfalls nach meinem Eindruck – nicht besteht, und zum anderen auch deshalb, weil es eine interessante Diskrepanz gibt zwischen der Neigung zur Politik- und Politikerverachtung auf der einen Seite und der ganz erstaunlichen Anhänglichkeit an politische Entscheidungen, wenn es wirklich brenzlig wird, auf der anderen Seite. Mit anderen Worten: Die Deutschen trauen weder ihren Regierungen noch ihren Parlamenten, am wenigsten ihren Parteien. Aber wenn es ernst wird, verlassen sie sich ausschließlich auf den Staat. Und die geistige Beweglichkeit, die in der Verbindung dieser beiden Halbsätze zum Ausdruck kommt, ist eine Quelle meiner Zuversicht. Es gibt eben beides gleichzeitig. Es gibt ein erstaunliches, in vielen Fällen übertriebenes Staatsvertrauen, die Erwartung, dass dann, wenn es kritisch oder gar gefährlich wird, es gefälligst staatlich geregelt werden müsse. Und das heißt immer: politisch. Und solange wir demokratische Verhältnisse in Deutschland haben, heißt es auch immer: parlamentarisch. Und gleichzeitig gibt es ein ausgeprägtes und hartnäckiges Misstrauen gegen eben die Kaste von Leuten, gegen die politische Klasse, die man aber immer dann, wenn es wirklich wichtig ist, für die eigentlich, wenn nicht einzig Zuständigen hält.

Zu diesem nicht immer sehr freundlichen und vor allem nicht immer sehr korrekten Bild von Parlamentariern haben auch Wissenschaftler und Intellektuelle in einem erheblichen Maße beigetragen. Wobei ich der guten Ordnung halber hinzufügen muss, dass auch die Zurückweisung solcher Übertreibungen ein erkennbarer Faden der wissenschaftlichen Diskussion über die Jahre und Jahrzehnte geblieben ist. Werner Sombart hat schon 1907, also noch vor den Weimarer Erfahrungen, davon geschrieben, dass die Gebildeten jedes Interesse an der Politik verloren hätten; Politik sei keine geistige Tätigkeit. Insbesondere beklagte er die „unselige Spezies der Berufspolitiker", die einer Art von unehrlichem Gewerbe nachgingen. „Geistig öde, ethisch verlogen, ästhetisch roh, das ist die Signatur, die unser politisches Leben offensichtlich von Tag zu Tag mehr annimmt." Eine Spur anspruchsvoller, jedenfalls literarisch anspruchsvoller, hat es Thomas Mann ausgedrückt. Er schrieb in seinen „Betrachtungen eines Unpolitischen", Politiker seien „in des Wortes praktisch gemeiner Bedeutung" „ein niedriges und korruptes Wesen, das in geistiger Sphäre eine Rolle zu spielen keineswegs geschaffen" sei. Das ändert natürlich nichts an seiner literarischen Bedeutung, die noch ausgeprägter war als sein politisches Urteilsvermögen. Dass der spätere Literaturnobelpreisträger mit dieser damals vielzitierten Bemerkung auf das politische Meinungsbild und das Bild von Politikern einen nachhaltigen Einfluss genommen hat, lässt sich schwerlich übersehen.

Ich könnte zeitgenössische Politikwissenschaftler zitieren, die, literarisch nicht ganz so anspruchsvoll, ähnliche Litaneien für die Jetztzeit singen, die mir für die heutigen Verhältnisse genauso maßlos übertrieben erscheinen wie die eben zitierten für die damaligen. Gerade den Publizisten und Wissenschaftlern, die sich mit diesen Zusammenhängen beschäftigen, möchte ich herzlich empfehlen, die Wirkungen solcher Bilder für die Akzeptanz von politischen Prozessen und insbesondere der damit verbundenen Entscheidungen zu bedenken.

Mir hat – schon zu einem Zeitpunkt, als ich noch nicht hauptberuflich politisch engagiert war, als Student der Politikwissenschaft – immer sehr der fulminante Aufsatz von Ernst Fraenkel eingeleuchtet, in dem er einen Satz prägte, der mich in späteren Jahren manches Mal getröstet hat: „Das kritikbedürftigste Element am Bonner Parlamentarismus scheint mir die landläufige Kritik zu sein, die an ihm geübt wird." Er hat dann ohne Namensnennung, was für seine Größe spricht, die Klischees zerrupft, die sich regelmäßig mit parlamentarischen Tätigkeiten verbinden und die, schon gar in der Kombination von sich wechselseitig ausschließenden Erwartungen, schlicht wirklichkeitsfremd sind.

Selbstverständlich gibt es ihn, den perfekten Abgeordneten – jedenfalls in der Vorstellung der Öffentlichkeit. Er ist täglich 24 Stunden aktiv, 365 Tage im Jahr. Er ist sowohl in Berlin als auch in seinem Wahlkreis präsent, er nimmt an sämtlichen Arbeitsgruppen-, Ausschuss-, Fraktions- und Plenarsitzungen teil, simultan aber auch an jedem Schützenfest und jeder Vereinsversammlung seines Wahlkreises, und nebenbei hat er für jeden jederzeit ein offenes Ohr. Er kennt sich aus in der Arbeitswelt und hat den Bezug zur Praxis nie verloren, geht aber keiner Nebentätigkeit nach. Er hat den direkten Draht zur Wirtschaft, zu den Kirchen, zu den Verbänden und Gewerkschaften, aber er pflegt größte Distanz. Er hat die Selbstlosigkeit eines Missionars, die Genialität eines Nobelpreisträgers, die Geduld einer Gouvernante und das dicke Fell eines Nilpferdes.

So ähnlich sollte er scheinbar sein. Aber solche Leute gibt es nicht. Und ich füge hinzu: Gott sei Dank nicht. Ob das Bild der Parlamentarier besser wäre, wenn sie so ähnlich wären, wie hier beschrieben, weiß ich nicht. Dass die Parlamente nicht besser wären, das weiß ich ziemlich sicher.

XI. Ungeliebt und unverzichtbar
Die Parteien sind besser als ihr Ruf

Die Erfolgsgeschichte der Bundesrepublik wäre ohne ihre demokratischen Parteien ganz gewiss nicht geschrieben worden. Und auch die Zukunft unserer Demokratie ist ohne den gestaltenden Beitrag der politischen Parteien weder wirklich denkbar noch ernsthaft wünschbar und auch rechtlich wie faktisch nicht möglich, wie nicht nur die Verfassungswirklichkeit deutlich macht, sondern auch ein Blick auf ihre Stellung im Grundgesetz zeigt. „Die Parteien wirken bei der politischen Willensbildung des Volkes mit" (Art. 21 Abs. 1).

Gleichwohl haben sich einige Parteienforscher aus unterschiedlichen Denkschulen unbeirrt darauf eingestellt, dass das Ende der großen Mitglieder- und Volksparteien nur noch eine Frage der Zeit sei. Diese Erwartung wird freilich seit Jahrzehnten immer wieder vorgetragen, ohne dass solche Untergangsszenarien Wirklichkeit geworden wären. Schadlos haben die Volksparteien die Zeit allerdings auch nicht überstanden. Seit dem Ende des scheinbar goldenen Zeitalters der Volksparteien zwischen 1968 und 1983 haben CDU und SPD zusammen mehr als eine halbe Million Mitglieder und noch mehr Wähler verloren, und der Trend lässt nicht erwarten, es werde mit ihrer Mitgliederbilanz wieder aufwärts gehen. Aber gerade, dass es die rückläufigen Mitgliederzahlen sind, auf die Verfallstheorien und Niedergangsdebatten ihr Augenmerk besonders richten, fordert zu einem näheren Hinsehen auf. Das Gesamtbild der Mitgliederentwicklung in den beiden großen Volksparteien von 1945 bis heute spiegelt sich trotz der beachtlichen Unterschiede zwischen CDU und SPD nämlich keineswegs in einem linearen Verfallsmodell. So zeigt sich neben Neueintritten nicht nur unter den Mitgliedern der Union seit einiger Zeit eine deutlich steigende Bereitschaft zur aktiven Mitarbeit ab: Mehr als 40 Prozent der Parteimitglieder könnten sich vorstellen, aktiv in der Partei mitzuarbeiten und auch ein Amt oder Mandat zu übernehmen. Dies ist gegenüber den frühen 90er Jahren eine doppelt so hohe Bereitschaft für ein aktives politisches Engagement.

Vielleicht gewinnt in diesen Daten ein Mitgliedertyp sich wandelnder Volksparteien Kontur, der sich im Unterschied zu früheren, eher passiven Mitgliedern auch politisch engagieren will – aber ohne das traditionelle Parteileben und ohne die damit verbundenen Verpflichtungen. Ein solcher Trend würde übrigens die Zunahme pragmatisch-politisch-ideologischer Beitrittsmotive und das Zurücktreten sozialer und geselliger Motive bestätigen, die von Parteidemoskopen seit einiger Zeit beobachtet werden. Jedenfalls widerspricht diese Entwicklung ziemlich augenfällig nicht nur den Verfallstheorien, sondern relativiert auch die reine Anzahl der Mitglieder als Maßstab für die Bewertung der Mitgliederparteien.

Das Beispiel dieser Beobachtungen macht schließlich auch deutlich, dass manches in der Parteienforschung demokratietheoretisch zwar schlüssig und dennoch im Hinblick auf die Parteienwirklichkeit ungereimt ist. Manche Erklärungsansätze, die aus einem bestimmten akademischen oder politisch motivierten Diskussionszusammenhang heraus entstanden sind, stimmen wenig oder gar nicht mit den veränderten gesellschaftlichen Gegebenheiten überein. So geht ein anderer dieser Erklärungsansätze von der Annahme aus, dass der gesellschaftliche Wandel zu einer Segmentierung und Individualisierung der Gesellschaft geführt habe, die die Integrationskraft der Volksparteien übersteigen. Durch den sozialen Wandel und die gewachsene Mobilität seien die politischen Einstellungen der Wähler zunehmend weniger von Tradition und Milieubindung bestimmt.

Das mag durchaus zutreffen, ob man es nun für beklagenswert hält oder nicht. Warum damit sogleich der Beweis für Theorien des Verfalls der Bedeutung von Volksparteien erbracht sein soll, will mir jedenfalls nicht einleuchten. Die Sozialwissenschaftler interpretieren diese Entwicklungen bis heute als Modernisierungsprozesse der Gesellschaft, die neue Formen der Teilnahme am öffentlichen Leben und vielfältige Wünsche und individuelle Ziele zur Folge haben. Dem haben die großen wie die kleineren Parteien nur begrenzt und in der Regel mit gehöriger Verspätung Rechnung getragen und damit das Entstehen neuer Parteien begünstigt. Die tatsächliche Entwicklung zeigt also, dass es gewandelte Partizipationsinteressen, Ziele und Wünsche sind, die den Veränderungen in der Mitgliedschaft der Parteien zugrunde liegen und dabei ganz offenkundig ebenso wenig einen Niedergang wie einen Neuanfang der Volksparteien beweisen, vielmehr eher einen anhaltenden Prozess der Wandlung und der Anpassung an den gesellschaftlichen Strukturwandel belegen.

Der Parteienforscher Elmar Wiesendahl resümiert zutreffend, weder die rückläufige Mitgliederentwicklung noch die schwindende Kraft, Wähler dauerhaft zu binden – und beides zusammen ebenso wenig – liefen auf „Parteien ohne Mitglieder" hinaus, sondern eher auf Parteien mit immer weniger, erst recht immer weniger lebenslangen Mitgliedern. Die spannende Frage lautet demzufolge nicht *ob*, sondern *wie* die Parteien in Anbetracht dieser Veränderungen zukünftig ihre in der Verfassung und im Parteiengesetz verankerten Aufgaben, ganz besonders aber die in der Bevölkerung gehegten Erwartungen an sie erfüllen.

Dass damit Konsequenzen für die zukünftige Arbeit vor allem der Volksparteien verbunden sind, ist deutlich erkennbar. Ohne Verankerung in der Bevölkerung können die Volksparteien ihre Aufgaben nicht bewältigen. Deswegen muss es ihnen auch gelingen, den veränderten Organisations- und Kommunikationsbedürfnissen Rechnung zu tragen. Darauf wird in der politikwissenschaftlichen Literatur spätestens seit den 60er Jahren immer wieder hingewiesen – mit offensichtlich begrenztem Erfolg.

Es wäre allerdings ein fataler Irrglaube, die Zukunft der Volks- bzw. Mitgliederparteien allein als Organisations- und Kommunikationsaufgabe diskutieren zu dürfen. Das würde dem besorgniserregenden Zustand nicht gerecht, dass immer mehr Menschen von Irritationen und einem tiefen Vertrauensverlust gegenüber wichtigen Institutionen und Repräsentanten politischer, wirtschaftlicher und gesellschaftlicher Institutionen erfasst werden. Es ist kein Alarmismus, hier von einer weitreichenden und tiefsitzenden Vertrauenskrise insgesamt zu sprechen, einem offenkundig langfristigen Trend, der sich nicht zuletzt in der ständig rückläufigen Wahlbeteiligung niederschlägt. Umfragen belegen, dass die Distanz der Bevölkerung zu den Führungseliten aus Wirtschaft wie Politik heute beunruhigend groß geworden ist. Ihnen stehen hohe Erwartungen aus der Bevölkerung an eben diese Eliten gegenüber, nicht nur in Bezug auf ihre Kompetenz und Zukunftsfähigkeit, sondern insbesondere in Bezug auf ihre Vorbildfunktion, ihre charakterliche Eignung und ihr Verständnis für die Sorgen der Bevölkerung. An der Spitze der Erwartungen der Bevölkerung gegenüber Managern aus der Wirtschaft, aber auch aus der Politik, stehen Ehrlichkeit und Vertrauenswürdigkeit, gefolgt von Kompetenz, Zukunftsorientierung sowie Verständnis für die Probleme der Menschen. Die Volksparteien haben also mehr als einen Anlass, darüber nachzudenken, wie ihr Beitrag auszusehen hat, damit das wichtigste Kapital der Politik, Glaubwürdigkeit im Reden und Handeln, wieder in ausreichendem Maße zurückgewonnen werden kann.

Wie die Volksparteien vor dem Hintergrund dieser Herausforderungen ihre Chancen und Perspektiven wahrnehmen, gesellschaftliche Veränderungen begreifen und ermöglichen, wird letztendlich ihre eigene Zukunft bestimmen. Sie wirken an der Willensbildung des Volkes mit. Nicht weniger, aber auch nicht mehr.

XII. „Die Republik der Wichtigtuer"
Über Politik und Medien

Eine 2009 von der Friedrich-Ebert-Stiftung vorgelegte Studie hatte den mutigen Titel „Das Verschwinden der Zeitung?" Er wurde immerhin noch mit einem Fragezeichen versehen. Im Fließtext wurde dann aber Klartext geredet: „Das Internet verdrängt zweifellos die klassische Zeitung auf Papier."

Nun sind die Zahlen und Daten, die in diesem Zusammenhang einschlägig sind, sowohl bei dem einen wie bei dem anderen Medium weitgehend bekannt. Die Sachverhalte sind klar, die Trends sind offensichtlich, und dennoch scheint mir die Schlussfolgerung voreilig. Denn schon die Frage, wie sich denn wohl die Auflagen der Tageszeitungen in Deutschland in einem Jahr entwickeln – unter besonderer Berücksichtigung der wirtschaftlichen Situation, die Effekte auf das übliche Leseverhalten haben könnte oder auch nicht, ist einigermaßen schwierig zu beantworten. Noch schwieriger dürfte es sein, die Prognose auch für das nächste oder übernächste Jahr zu stellen. In US-Expertenkreisen wird vermutet, dass die letzte Papierzeitung spätestens 2043 von der Druckwalze läuft. Da fragt man sich spontan: warum erst 2043? Und warum überhaupt? Jedenfalls scheint mir die Nachricht vom Ableben der Tagespresse doch ein bisschen voreilig.

Offenkundig sieht auch der Bundesverband Deutscher Zeitungsverleger die Entwicklung nicht ganz so apokalyptisch. Er weist zum einen darauf hin, dass die deutsche Tagespresse das Schicksal regelmäßig sinkender Reichweiten fast durchgängig mit den Zeitungen in Europa und den USA teilt. Das hat den beruhigenden Aspekt, dass es in Deutschland auch nicht schlimmer ist als anderswo, räumt aber indirekt ein: Ein Problem gibt es da schon. Dass sich die Reichweite der großen deutschen Tageszeitungen nach wie vor auf einem hohen Niveau befindet, ist allerdings nicht zu bestreiten. Zugleich bedeutet der Befund, dass 47 Millionen Deutsche über 14 Jahre täglich eine Zeitung in die Hand nehmen, umgekehrt jedoch auch, dass es eine hohe zweistellige Millionenzahl von Menschen der erwachsenen Bevölkerung gibt, die täglich ohne eine Tageszeitung auskommt. Ich finde den zweiten Sachverhalt nicht weniger gewichtig als den ersten.

Für mich ist die Frage der Reichweite ohnehin weniger spannend, was wohl auch damit zu tun haben wird, dass ich kein Verleger bin. Sehr intensiv beschäftigen mich dagegen die absehbaren und auch die nicht in vollem Umfang absehbaren Wirkungen des deutlich veränderten Medien- und Kommunikationsverhaltens – zumal es hinreichende Indizien dafür gibt, dass diese Veränderungen nicht nur kaufmännische, sondern auch politische Implikationen haben.

Wenn die Mehrheit der jüngeren Menschen keine Tageszeitung mehr zu brauchen meint, sondern ihren Bedarf an Unterhaltung wie an Informationen, wenn überhaupt, aus dem Internet bezieht, hat diese Veränderung im Kommunikationsverhalten sichtbare und jedenfalls absehbare Folgen, auch und gerade für die Informationsangebote, für die Informationsdichte und damit für das künftige Urteilsvermögen eines wachsenden Teils der deutschen Bevölkerung. Denn jenseits aller Sympathien, die man für dieses oder jenes Medium haben mag: dass die Art der Informationsnachfrage und die Art der Informationsaufnahme bei diesen beiden Medien, Printmedien auf der einen Seite und dem Internet auf der anderen Seite, nicht identisch ist, das ist offenkundig.

Der typische Internetnutzer, der das Internet nicht zusätzlich, sondern *anstelle* von Printmedien benutzt, fragt Sachverhalte nach, an denen er ein Interesse hat – wobei die statistisch festgestellten Prioritäten der aufgerufenen Seiten durchaus nicht schmeichelhaft sind. Der Nutzer einer Tageszeitung dagegen reklamiert mit dem In-die-Hand-Nehmen der Zeitung kein spezifisches Informationsbedürfnis, sondern er erwartet ein Informationsangebot. Er setzt sich bewusst, mutwillig, leichtfertig dem Risiko aus, mit Informationen konfrontiert zu werden, die andere für wichtig halten. Das mag man für anachronistisch halten, aber es ist jedenfalls etwas anderes als die interessengeleitete Informationssuche im Internet. Denn dass bei Volumen und Art der Informationen zwischen den elektronischen und den Printmedien ein nicht nur gradueller, sondern prinzipieller Unterschied besteht, scheint mir offenkundig.

Das Internet ist da, wo es sorgfältig ist, eher lexikalisch als analytisch. Eine Tageszeitung, die sorgfältig arbeitet, ist eher analytisch als lexikalisch. Noch einmal: Es geht nicht darum. zu entscheiden, welche dieser beiden Attitüden die vernünftigere ist. Mir reicht an dieser Stelle der Hinweis völlig aus: Es ist nicht dasselbe. Und wenn sich das Medienverhalten, das Kommunikationsverhalten einer Gesellschaft im Ganzen ändert – und der Trend ist offenkundig –, ändert sich die Art der Informationsbeschaffung in einer Gesellschaft einschließlich der damit verbundenen Folgen für das Urteilsvermögen. Und wenn dieser Befund nicht vollständig aus der Luft gegriffen oder nicht maßlos übertrieben ist, dann ist er nicht nur ein Datum für Zeitungen und für Verlage, sondern auch relevant für die Politik.

Die Kommunikationswissenschaftlerin Miriam Meckel hat in einer großen deutschen Tageszeitung zu diesem Thema geschrieben: „Die Zeitung der Zukunft wird zwei Gesichter haben: ein gedrucktes und ein vernetztes. Die Aktualität ... wird ins Internet abwandern. Das Netz ist schneller als jedes andere Medium." Das ist sicher gut beobachtet. Meine Frage ist jedoch, ob hier wirklich eine zukünftige Entwicklung vermutet oder ein längst eingetretener Zustand beschrieben wird.

Miriam Meckel verbindet diese Beschreibung von Gegenwart und Zukunft mit einem plausiblen und berechtigten Plädoyer für die unverzichtbaren Vorzüge des Printjournalismus: „Eine andere Art des Journalismus wird weiter mit dem gedruckten Wort arbeiten, am Kiosk zu kaufen oder per Abo im Briefkasten zu finden sein. Das sind die Geschichten, die nicht in Häppchen als Schnäppchen im Sekundentakt im Netz platziert werden, sondern die recherchiert, korrigiert, gegengelesen, überarbeitet [werden], also weiterhin in einem aufwendigen Prozess entstehen. Sie sind Meisterstücke, Ergebnisse von Individualität, Kreativität und den richtigen verlegerischen Investitionen in Köpfe, die das können."

Nun wird man nicht jedes Einzelstück deshalb auch gleich für ein Meisterstück halten müssen. Davon abgesehen ist aber der Hinweis durchaus zutreffend, dass es beim sogenannten Qualitätsjournalismus eben nicht nur um Massenprodukte geht, sondern um begründete Berichterstattungen und Beurteilungen, Kommentierungen, hinter denen in der Regel ein identifizierbarer Kopf steht – mit allen Risiken und Nebenwirkungen.

Die Bundesregierung hat in ihrem Ende 2008 vorgelegten Medien- und Kommunikationsbericht mit Blick auf die allgemeine Tendenz des Medien- und Kommunikationsverhaltens geschrieben: „Nach wie vor sind Zeitungen und Zeitschriften Leitmedien, die als solche für die Demokratie unverzichtbare Funktion haben. Das zeigt sich insbesondere daran, dass die Behandlung politischer und gesellschaftlicher Themen in allen elektronischen Medienangeboten tendenziell stagniert oder gar rückläufig ist, während sie im Printbereich quantitativ und qualitativ nach wie vor eine herausragende Stellung hat."

Tatsächlich sind die unterschiedlichen Quantitäten in den jeweiligen Angeboten augenfällig, und damit ist aus den von mir oben genannten Gründen jene Implikation gegeben, die weit über kaufmännische Kalküle hinaus den Umgang einer Gesellschaft mit Informationen und die Verarbeitung politischer Entscheidungsprozesse bestimmt und der deshalb selbst *politische* Bedeutung zukommt.

Es gibt im Übrigen einen statistisch signifikanten Zusammenhang zwischen politischem Interesse und der Häufigkeit und Intensität der Lektüre von Tageszeitungen. Das ist eine ermutigende Perspektive weder für die Abonnementsentwicklung noch für die Politik, denn dies kann im schlimmsten Fall bedeuten, dass aus den immer geringeren Zahlen von Abonnenten qualitativ hochstehender Tageszeitungen sich der bescheidene Rest derer rekrutiert, die noch ein politisches Interesse haben. An einer solchen Entwicklung können wiederum die Demokratie und ihre Repräsentanten genauso wenig interessiert sein wie die Zeitungen und ihre Verleger.

Ein Nebenaspekt, der sowohl von Seiten der Politik wie von Seiten der Verlage besondere Aufmerksamkeit verdient, ist die erstaunliche Diskrepanz zwischen der Mediennutzung der jungen Generation und ihrer Einschätzung der Glaubwürdigkeit dieser Medien. Je geringer, kleiner, jünger die jeweilige Altersgruppe ist, desto größer ist der Vorsprung des Internets in der Mediennutzung gegenüber anderen Medien – sowohl gegenüber dem Fernsehen als auch gegenüber den Zeitungen. Dennoch nennen in einer 2005 veröffentlichten Umfrage 12- bis 19-Jährige auf die Frage: „Welchem Medium würdest du bei widersprüchlicher Berichterstattung am ehesten vertrauen?" 44 Prozent die Tageszeitung, 31 Prozent das Fernsehen, 13 Prozent das Radio und nur 12 Prozent das Internet. Möglicherweise hilft das Nachdenken darüber, warum sich diese subjektive Einschätzung eines Glaubwürdigkeitsgefälles nicht

im Kommunikations- und Medienverhalten niederschlägt,
weiter auch bei der Beantwortung der Frage, wie junge Menschen künftig für politische Informationen interessiert werden
könnten.

Dieser ambivalente Befund zwischen Wertschätzung und
Nutzung verschiedener Medien beantwortet natürlich nicht
die immer häufiger diskutierte Frage, ob unter Berücksichtigung tatsächlicher oder vermeintlicher Bedrängnisse der Tagespresse Subventionen für wirtschaftlich bedrohte Tageszeitungen bereitgestellt werden sollten. Dazu mag zunächst der
Hinweis auf das Bundesverfassungsgericht genügen, das die
Presse nach Artikel 5 Abs. 1 des Grundgesetzes grundsätzlich
privatwirtschaftlich organisiert sehen will. Dies schließt öffentliche Förderungen nicht kategorisch aus, setzt ihr aber natürli-
che Grenzen.

Dies gilt auch für das besondere Verhältnis von Politikern
und Journalisten: Dass es sich bei Politikern und Journalisten
jeweils um Berufe besonderer Art handelt, ist unbestritten.
Dass sie hinreichend unterschiedlich sind, um nicht verwech-
selt zu werden, darf auch als gesichert gelten. Dass sie gelegentlich aber auch erstaunlich vergleichbar sind – übrigens auch
und gerade unter Bezugnahme auf das ausgeprägte jeweilige
berufliche und politische Selbstbewusstsein – lohnt vielleicht
doch einen etwas genaueren Blick. In meiner Beobachtung,
dass die beiden Professionen sich, was ihr Selbstbewusstsein
betrifft, jedenfalls nicht viel nachstehen, fühle ich mich bestätigt und ermutigt durch eine unbefangene, nachweislich sach-
verständige Vertreterin der journalistischen Berufe, Tissy
Bruns, die Berliner Parlamentskorrespondentin und ehemalige
Vorsitzende der Bundespressekonferenz, die in einem sehr lesenswerten Buch Politiker und Journalisten unter der Überschrift „Republik der Wichtigtuer" zur gleichen Klasse zählt.
Auch nach meiner Beobachtung haben Politiker und Journalis-

117

ten zwar unterschiedliche Berufe, aber Berufe mit sehr vergleichbaren Versuchungen: Viele Politiker halten sich für wesentlich wichtiger als sie in Wirklichkeit sind, manche Journalisten auch. Umgekehrt ist Politik mit Abstand wichtiger, als das offenkundig von einem beachtlichen, eher wachsenden Kreis der Bevölkerung eingeschätzt wird. Ob für die Medien und das Selbstbild von Journalisten nicht die gleiche Beschreibung zutreffen könnte, ist eine sich fast von selbst beantwortende Frage.

Der Mainzer Medienwissenschaftlicher Hans Mathias Kepplinger kommt in einer Studie zu dem Ergebnis, dass fast die Hälfte der Journalisten beklagt, es sei kaum noch möglich, etwas über die Ziele von Politikern zu erfahren, während fast die Hälfte der Politiker findet, es werde regelmäßig falsch berichtet. Dabei gehen fast 80 Prozent aller Befragten davon aus, dass die jeweils andere Gruppe nur eigene Interessen verfolgt. Politiker verfolgten persönliche und Parteiinteressen, Journalisten hätten Auflage und Quote im Blick. Die Hälfte der Politiker meint, Journalisten sei jedes Mittel recht. 48 Prozent der Journalisten, also wiederum ziemlich präzise die gleiche Größenordnung, hingegen halten Politiker für skrupellos.

Diese Einschätzungen sind sicher nicht frei erfunden, als Verallgemeinerung aber falsch, mindestens stark übertrieben. Ich kenne eine Reihe von Journalisten, denen zur Informationsbeschaffung und Informationsvermittlung nicht jedes Mittel recht ist. Und vielleicht kennt der eine oder andere Journalist sogar einzelne Politiker, die er nicht für skrupellos hält. Journalisten und Politiker tun sich im Übrigen wechselseitig und, über die jeweiligen Professionen hinaus, dem Lande und dieser politischen Ordnung auch keinen besonderen Gefallen, wenn sie ohne Not solche Klischees spazierenführen, schon gar nicht dann, wenn sie eine hinreichende empirische Grundlage eigentlich nicht haben.

Eine meiner Bundestagskolleginnen, Julia Klöckner, hat im Magazin „Cicero" eine besonders mutige Charakterisierung von Journalisten vorgenommen. Sie schreibt: „Journalisten sind eitel, anmaßend, hinterlistig, opportunistisch, selbstverliebt, mitunter unerträglich. Nicht alle natürlich." So kann man es natürlich auf gar keinen Fall schreiben, selbst wenn man selbst Journalistin ist, zumal man wissen muss, dass die Beschreibung der Eigenschaften von Politikern durch Journalisten umgekehrt etwa so lauten könnte: „Politiker sind eitel, anmaßend, hinterlistig, opportunistisch, selbstverliebt, mitunter unerträglich. Nicht alle natürlich."

Da sind wir dann wieder bei den wohlfeilen Klischees, für die man jeweils abschreckende Beispiele finden mag, die aber als generelle Charakterisierung eben doch nicht taugen. Eine der tröstlichsten und erstaunlichsten Botschaften, die ich in den letzten Jahren zu den Klischees in der wechselseitigen Wahrnehmung und als tapferen Beitrag zu ihrer Überwindung gelesen habe, findet sich in einem Interview in der „Zeit". Dort hat ein bekannter deutscher Zeitgenosse gesagt: „Eine Zeit lang hielt ich Politiker für Schwätzer, aber das ist Quatsch. Dass es jetzt schon 60 Jahre lang keinen Krieg mehr gegeben hat, verdanken wir langen Verhandlungen, Kompromissen und Pressekonferenzen um vier Uhr morgens."

Dieses Interview hat Harald Schmidt gegeben – ich gebe zu, ich hätte ihn als einen der Letzten als Autor dieser Beurteilung vermutet, und ich nehme das als Indiz dafür, dass dann, wenn es die Bereitschaft gibt, nicht nur Vorurteile zu pflegen, sondern Sachverhalte zu beobachten, vielleicht auch die Bereitschaft zur Differenzierung wächst.

Was die empirischen Befunde angeht, möchte ich noch auf einen zweiten Aspekt aufmerksam machen: Es gibt eine durchaus unterschiedliche Einschätzung des wechselseitigen Einflusses auf die jeweils andere Profession. Der Einfluss der Politik auf die Medien wird von Journalisten auf einer Skala von 10 Punkten mit einem Mittelwert von 6,2 Punkten höher eingeschätzt als von Politikern. Dagegen ist der Wert extrem hoch, mit dem Politiker den Einfluss der Medien auf die Politik einschätzen, nämlich 8,13, und auch Journalisten halten ihren Einfluss auf die Politik mit 7,04 für signifikant höher, als sie den Einfluss der Politik auf die Medien einschätzen.

Wenn mich mein persönlicher Eindruck nicht trügt, dann ist die allgemeine Situation der Medien und deren direkte und indirekte Wirkung auf das politische Geschehen jedenfalls ganz wesentlich dadurch mitgeprägt, dass bei ruhiger und nüchterner Betrachtung ihrer jeweiligen Wirkungen wohl nicht die Printmedien die Wettbewerbsbedingungen bestimmen, sondern, wenn überhaupt, die elektronischen Medien die präjudizierenden Wirkungen haben. Dies halte ich ausdrücklich nicht für einen Gewinn, und das hat gar nichts mit einer prinzipiellen Abneigung gegenüber elektronischen Medien zu tun – sei es in der Gestalt des Fernsehens oder des Internets. Es hat vielmehr etwas zu tun mit den Effekten, die sich unter Wettbewerbsbedingungen fast naturwüchsig ergeben und für deren Ausprägungen und – nach meinem Empfinden – abschreckende Wirkungen die inflationäre Vermehrung von Talkshows bezeichnend ist. In diesen Formaten kommt rund um die Uhr, und häufig auch auf mehreren Programmen gleichzeitig, in einer konzentrierten Form das zum Ausdruck, was ich als allgemeinen Trend in den Medien zur Kenntnis nehme und wiederum nicht für eine Errungenschaft halte. Dass inzwischen selbst eine Zeitung, die für sich in Anspruch nimmt, hinter ihr stecke immer ein kluger Kopf, die Neigung ihrer Leser mit bunten Bildern auf der ersten Seite sichern zu müssen glaubt, ist beinahe so etwas wie die notarielle Beurkundung dieses Befundes.

Es gibt seit Langem den zunehmenden Trend des Vorrangs

der Schlagzeilen vor den Nachrichten. Es gibt Zeitungen, die haben das inzwischen fast zum Kultstatus entwickelt, und ich muss mit sportlicher Anerkennung zugestehen: mit teilweise pfiffigen Lösungen, die allerdings meinen Vorbehalt nicht ausräumen, dass sie die Aufmerksamkeit des Lesers für eine vereinfachende Zuspitzung und nicht für eine möglichst komplette Nachricht in Anspruch nehmen.

Es gibt die zunehmende Dominanz der Personen vor den Sachverhalten. Dies ist natürlich nicht neu, hat sich aber noch einmal in einer besorgniserregenden Weise verstärkt.

Es gibt die zunehmende Dominanz der Unterhaltung vor der Information und, unter den vorherrschenden Wettbewerbsbedingungen, den zunehmenden Vorrang der Schnelligkeit vor der Gründlichkeit. Als ich vor Jahren bei einem der zahlreichen Berliner Presseclubs zu einer Festrede geladen war, habe ich Zweifel geäußert, ob die alte journalistische Grundregel noch gilt, dass man eine Nachricht nicht weiterverbreitet, bevor man nicht mindestens zwei Quellen überprüft hat. Heute hätte ich den Eindruck, dass es mit einer Quelle allemal sein Bewenden habe. Daraufhin rief ein Journalist aus dem Publikum: „Wenn es denn diese eine Quelle überhaupt gibt!"

Dieser Befund ist nicht so witzig, wie er sich anhört. Für den Vorrang der Schnelligkeit vor Gründlichkeit gibt es ja eine Reihe von mal skurrilen, mal ärgerlichen Beispielen. Dass die Begeisterung für einen neuen Bundesminister und insbesondere für die erstaunlich große Anzahl seiner Vornamen sich quer durch die deutsche Medienlandschaft gleich in der Weise niederschlägt, dass ein erfundener und ins Internet gestellter zusätzlicher Vorname ohne Recherche auch von seriösen Medien tagelang übernommen wird, ist ein kleines, eher unbedeutendes Beispiel. Dass – um ein anderes Thema zu nennen, bei dem das Parlament in besonderer Weise involviert ist – aus journalistischem, prominentestem Munde aus einer „Ermächtigung", also Genehmigung, für staatsanwaltliche Ermittlungen gegenüber Abgeordneten und Journalisten eine „Strafanzeige des Bundestagspräsidenten gegenüber Journalisten" wird, gehört zu den nicht mehr so amüsanten Verirrungen, die ich wiederum keinem anderen Motiv als dem Vorrang der Schnelligkeit gegenüber der Sorgfalt zuordnen will.

Karl Kraus, ein Publizist, der unter anderen Bedingungen gearbeitet und geschrieben hat, hat seine Beobachtungen über die Presse der 20er Jahre in die schöne Formulierung gebracht: „Die Zeitungen haben früher das Niveau ihrer Journalisten gehabt und jetzt haben sie das ihrer Leser." Ich möchte fast nicht wissen, was er heute sagen würde.

Und Tissy Bruns, deren lesenswertes Buch „Die Republik der Wichtigtuer" ich schon erwähnt habe, macht mit Blick auf tatsächliche und vermeintliche Mutproben darauf aufmerksam, dass es heute wenig koste, „einen Fraktionschef oder Minister in Grund und Boden zu schreiben; Journalisten im 21. Jahrhundert brauchen mehr Zivilcourage, wenn sie ihren Chefredakteuren widersprechen". Sie hat eine weitere Beobachtung hinzugefügt: „Politiker und politische Journalisten gehören zu den Verlierern der Mediengesellschaft. Die Politiker leiden unter einem Verlust an Gestaltungskraft – etwa wegen der Globalisierung. Wir politischen Journalisten sind Absteiger in der Medienwelt gegenüber dem Boulevard, dem Fernsehen und den noch schnelleren Online-Medien. Und das kompensieren wir durch den berühmten Hauptstadthype. Wir blicken deswegen mit Neid auf das Fernsehen, weil der Ort für das Politische heute sehr flüchtig geworden ist. Ich finde, zu Lasten der Demokratie."

Die Beobachtung ist richtig, die Schlussfolgerung hingegen mache ich mir ausdrücklich nicht zu eigen: Ich weiß nicht, warum irgendjemand und schon gar Journalisten von Tageszeitungen mit Neid auf das Fernsehen sehen sollten. All die Trends, die ich eher für Fehlentwicklungen als für Errungenschaften halte, lassen sich prototypisch dort verorten, und all das, was wir für das Urteilsvermögen einer aufgeklärten demokratischen Gesellschaft für notwendig halten, finden wir, wenn überhaupt, vor allem in Printmedien.

Weder die Verleger noch die Journalisten und schon gar nicht die Politiker können sich eine Entwicklung erlauben, die zu Lasten der Demokratie geht. Daran zu erinnern, ist wichtig. Dass in diesem für die Freiheit unserer Gesellschaft fundamentalen Zusammenhang Politiker und Journalisten mehr als beinahe alle anderen Berufsgruppen keine exklusive, aber sicher eine herausragende Aufgabe haben, davon bin ich allerdings fest überzeugt.

XIII. Solidarität und Zivilisation
Über Politik und Religion

„Religion ist ein Großthema des 21. Jahrhunderts." Diese nicht sonderlich originelle Feststellung aus den zehn Thesen des Rates der Evangelischen Kirche in Deutschland zum Religionsunterricht ist überhaupt nur deshalb nötig, weil der Hinweis auf Befindlichkeiten moderner Gesellschaften immer wieder mit der Vermutung verbunden ist, der Preis der Modernität sei der Verlust an Religiosität, mindestens aber die freiwillige, mutwillige, leichtfertige, unauffällige Aufgabe religiöser Orientierung. Tatsächlich ist Religion keineswegs nur ein Großthema dieses Jahrhunderts, Religion ist ein Großthema der Menschheit. Weder das soziale Gefüge noch das Zusammenleben von Menschen noch die politische Verfassung einer Gesellschaft sind ohne religiöse Bezüge zu begreifen, Kulturen schon gar nicht. Die menschliche Zivilisation ist durch Religionen geprägt.

Wenn wir über Demokratie und Religion sprechen, dann reden wir über zwei sehr zentrale Begriffe, die sich in der Realität konkreter Gesellschaften sowohl in einem Spannungsverhältnis zueinander befinden als auch in einem wechselseitigen Abhängigkeitsverhältnis. Für das eine wie für das andere will ich Hinweise geben. Zwei markante Positionen aus dem kirchlichen Bereich erscheinen mir zur Verdeutlichung des Themas und des erwähnten Spannungsverhältnisses besonders geeignet.

Der langjährige Ratsvorsitzende der Evangelischen Kirche in Deutschland, Wolfgang Huber, der sich vielfach mit dem Verhältnis von Kirche und Verfassungsordnung auseinandergesetzt hat, hat 2007 in einem Vortrag zu diesem Verhältnis folgenden Hinweis gegeben: „Der Übergang zu einer aufgeklärten Säkularität der staatlichen Verfassungs- und Rechtsordnung verbürgt einen Freiheitsgewinn, der aus Gründen des Glaubens ebenso zu begrüßen ist wie aus Gründen der verfassungsstaatlichen Überzeugung. Aber aus dem Ja zum säkularen Staat folgt nicht automatisch die Vorstellung von einer säkularisierten Gesellschaft."

Und er fügte hinzu: „Das heutige Staatskirchenrecht mit seinen Grundprinzipien der Religionsfreiheit, der Trennung von Staat und Kirche, des Selbstbestimmungsrechts der Religionsgemeinschaften, der Säkularität und Neutralität des Staates, der Gleichstellung aller Religionen im pluralistischen System bildet das Ergebnis eines langen Prozesses, für den das gleiche Recht unterschiedlicher religiöser Überzeugungen von großer Bedeutung ist. Doch zugleich ist unverkennbar, dass das Verhältnis von Staat und Religionen im Sinne eines geordneten Gegenübers von weltlichem Gemeinwesen und rechtlich selbständigen Religionsverbänden tief in der christlichen Welt verwurzelt ist; denn das Christentum hat diese Unterscheidung hervorgebracht."

Zum Auftakt seiner Frankreichreise im Jahr 2008 hat Papst Benedikt XVI. eine stärkere gesellschaftliche Rolle der Religion eingefordert. Er hat dies nicht zufällig auf französischem Boden getan und mit Blick auf den in diesem Land besonders stark verwurzelten, historisch gewachsenen Laizismus gesagt, dass über die strikte Trennung von Staat und Kirche neu nachgedacht werden müsse. Sie sei zwar notwendig für die Religionsfreiheit und zur Sicherstellung der Verantwortung des Staates; aber zugleich müsse die unverrückbare Rolle der Religion für einen ethischen Konsens der Gesellschaft klargestellt werden. Ich will auch aus dieser Rede zwei Sätze zitieren: „Ich bin überzeugt", so Benedikt XVI., „dass in dieser geschichtlichen Zeit, in der die Kulturen sich immer mehr verflechten, ein neues Nachdenken über den wahren Sinn und die Bedeutung der Laizität notwendig geworden ist. In der Tat ist es grundlegend, einerseits auf der Unterscheidung zwischen politischem und religiösem Bereich zu bestehen, um sowohl die Religionsfreiheit der Bürger als auch die Verantwortung des Staates, die er ihnen gegenüber hat, zu gewährleisten, und sich andererseits deutlicher der unersetzlichen Funktion der Religion für die Gewissensbildung bewusst zu werden und des Beitrags, den die Religion gemeinsam mit anderen zur Bildung eines ethischen Grundkonsenses innerhalb der Gesellschaft erbringen kann."

Ganz offensichtlich geht es bei diesem Thema eben nicht nur um Religion – und die für uns im Großen und Ganzen mit oder ohne ausgeprägte religiöse oder kirchliche Bindungen stabile Überzeugung, dass die Religionsfreiheit zu den Grundrechten gehöre –, sondern über diesen Aspekt hinaus um eine der Fragen nach den normativen Voraussetzungen insbesondere einer demokratischen Verfassungsordnung.

Und deswegen will ich zu der immer wieder vorgetragenen Vermutung, dass sich die Bedeutung des Religiösen in modernen Gesellschaften zunehmend auflöse oder gar erledige, zunächst einen rein statistischen Hinweis geben. In der Bundesrepublik Deutschland – die sich selbst gemeinhin zu den modernen Gesellschaften rechnet, auch von anderen meistens dazugezählt wird – gibt es etwa 130 Religionsgemeinschaften. Davon haben die römisch-katholische Kirche und die evangelische Kirche in Deutschland jeweils rund 26 Millionen Mitglieder, insgesamt also mehr als 50 Millionen. Die Gesamtzahl der Muslime in Deutschland beträgt über drei Millionen, darunter etwas mehr als 14.000 deutschstämmige Muslime. Dass im Blick auf die Verteilung der Zugehörigkeit zu Religionsgemeinschaften zwischen dem westlichen und dem östlichen Teil Deutschlands signifikante Unterschiede bestehen, darf man als bekannt voraussetzen – und wohl auch den ergänzenden Hinweis, dass dies in beiden Fällen keine abschließende Auskunft über das tatsächliche Maß an religiösen Orientierungen erlaubt.

Nach einer Erhebung des Europäischen Statistikamtes EU-ROSTAT gibt es zwischen den EU-Staaten erhebliche Unterschiede in der Einschätzung der Bedeutung von Religion. 88 Prozent der Malteser und 87 Prozent der Polen erklären, Religion sei „wichtig" in ihrem Leben. Fast gleich hoch sind die Werte in Griechenland, Zypern und Rumänien. Dagegen meinen Belgier und Tschechen mit 70 und mehr Prozent, Religion habe keine Bedeutung für ihr Leben. Auch innerhalb Deutschlands, das sich hier eher im Mittelfeld befindet, sind die Unterschiede relativ groß. Während 53 Prozent der Westdeutschen Religion als wichtig für ihr Leben bezeichneten, waren es in Ostdeutschland 26 Prozent. Gleichzeitig weist uns der Bertelsmann-Religionsmonitor darauf hin, dass nach einer im Jahr 2007 durchgeführten Untersuchung sich nicht nur die meisten Deutschen für „religiös" halten, sondern 20 Prozent sogar für „hochreligiös" – was immer das im Einzelnen bedeuten mag.

Ich ziehe daraus zunächst einmal den vorsichtigen Schluss: Mit den Mitteln der Statistik werden wir dem Kern des Problems nicht zu Leibe rücken können. Bei einer entsprechenden Umfrage über die Bedeutung des Religiösen in ihrem Leben hat schon in den 90er Jahren ein Mädchen aus der damaligen DDR auf die Frage, ob es religiös sei, geantwortet: „Nö, ich bin eigentlich ganz normal."

Das führt uns mitten ins Thema. Wie normal ist eine Gesellschaft, in der der Verzicht auf Religion oder die Unkenntnis von Religionen oder die Nicht-Verbundenheit mit Religion für normal, für angemessen, für vernünftig, für modern gehalten wird? In diesem Zusammenhang sprechen wir unvermeidlicherweise vom Prozess der Säkularisierung und bezeichnen mit diesem ebenfalls nicht sehr präzisen Sammelbegriff einen Prozess, der zwar sicherlich auch mit dem Rückgang der Anzahl sich selbst ausdrücklich religiös verstehender Menschen zu tun hat, aber damit nicht vollständig beschrieben ist. Deswegen ist der Hinweis nicht gänzlich überflüssig, dass es diesen Prozess einer scheinbar unaufhaltsamen, von manchen auch ausdrücklich für eine Errungenschaft gehaltenen Säkularisierung in dieser Ausprägung fast nur in Westeuropa gibt und dass bis in die unmittelbare Gegenwart hinein in anderen Teilen der Welt eine eher gegenteilige Entwicklung zu beobachten ist, die allemal stärker von der Revitalisierung von Religion und ihrer Bedeutung für individuelles und gesellschaftliches Verhalten gekennzeichnet ist. Europa ist die Ausnahme von der weltweiten Regel. Und offenkundig nicht das Modell, an dem sich andere mehr oder weniger moderne Gesellschaften zu orientieren scheinen. Allerdings will ich ausdrücklich hinzufügen, dass wir die ganz offenkundige, teilweise gnadenlose Instrumentalisierung von Religion für politische Zwecke nicht voreilig für die Revitalisierung von Religionen und religiösen Orientierungen halten dürfen.

Jeder auch nur oberflächliche Blick in die deutsche und die europäische Geschichte zeigt im Übrigen recht deutlich, dass wir weder dann besonders glückliche Verhältnisse hatten, wenn es einen – vorsichtig formuliert – religiösen Übereifer gab, noch dann, wenn wir in sorgfältiger oder reflexhafter Vermeidung dieser Übertreibung in eine geradezu demonstrative Distanzierung gegenüber Religionen und religiösen Orientierungen verfallen sind. Offenkundig scheint mir heute, dass Religionen von den allermeisten Menschen – in welchem Ausmaß auch immer – nicht nur für angelernt, sondern für unverzichtbar gehalten werden für die Orientierung des eigenen Lebens und auch für soziales Verhalten. Das, was es in einer konkreten Gesellschaft an Werten und an Orientierungen, insbesondere

an möglichen Verbindlichkeiten gibt, die über individuelle Interessen hinausgehen, speist sich ganz wesentlich aus religiösen
Überzeugungen.

Die Religion ist nicht die einzige, aber ganz sicher eine
wesentliche, unverzichtbare Quelle von Werten und Überzeugungen in einer Gesellschaft, die über die eigene Person hinaus
Geltung beanspruchen. Und genau dieser Aspekt des Geltungs-
anspruchs über die eigene Person hinaus führt die Religion unvermeidlich in die Nähe der Politik. Denn diese Unvermeidlichkeit und Unverzichtbarkeit verbindlicher Orientierungen muss
natürlich auch und gerade für die Politik gelten. Politisches
Handeln kann nicht und darf nicht allein auf Zweckmäßigkeits-
fragen reduziert werden, auf virtuoses Abarbeiten von aktuellen
Fallkonstellationen. Aber dass Politik eben doch etwas anderes
ist und auch etwas anderes sein muss als Religion, ganz gewiss
nicht dasselbe, auch ganz gewiss nicht die schlichte Verlänge-
rung von Religion mit anderen Mitteln: Das ist jedenfalls eine
gefestigte Überzeugung der westlichen Zivilisation.

Das Spannungsverhältnis zwischen Religion und Politik,
zwischen Glauben und Handeln ist nicht auflösbar – oder nur
um den Preis der wechselseitigen Banalisierung. Politik ist aber
nicht banal, ebenso wenig wie Religion. Dies erfordert immer
wieder die Besinnung auf das Gemeinsame und auf das jeweils
Besondere.

Ich möchte gerne auf zwei Aspekte aufmerksam machen,
die mir besonders gewichtig erscheinen, um Gemeinsames
und Unterschiedliches von Politik und Religion zu verdeutlichen – unter ausdrücklichem Verzicht auf eine auch nur an-
gedeutete vollständige oder gar abschließende Behandlung dieses unerschöpflichen Themas.

Gemeinsam ist Religion und Politik der Versuch der Domestizierung von Gewalt. Das ist eine der ganz großen Politik
und Religion verbindenden Aufgaben sowie der Rollen, die

sich daraus ergeben: Versuch der Domestizierung von Gewalt entweder durch Sinngebung, durch Vermittlung zeitlos gültiger verbindlicher Werte als verlässliche Verhaltensmuster, oder durch Strukturen und Institutionen, die die Anwendung von Gewalt bei der Austragung von Interessen ausschließen oder so weit wie eben möglich eingrenzen, jedenfalls aber sanktionieren. Das Erste ist der Versuch der Domestizierung von Gewalt durch Religion, das Zweite ist der Versuch, Gewalt durch Politik zu überwinden. Religion ist der mit Abstand ältere, Politik der jüngere Versuch in der Menschheitsgeschichte, Gewalt zu domestizieren. Kritisch betrachtet sind beide Versuche nur partiell erfolgreich gewesen. Freundlicher formuliert: Beide Versuche haben beachtliche, aber keine ein für alle Mal durchschlagenden Erfolge erzielt.

Mit Blick auf Gewalt ist die Religionsgeschichte wie die politische Geschichte jedenfalls auch eine Geschichte des Scheiterns. Die Kreuzzüge beispielsweise sind weder die ersten noch die letzten religiös motivierten, mindestens religiös begründeten Eroberungskriege. Nicht erst seit dem Dreißigjährigen Krieg zieht sich auf diesem Kontinent die blutige Gewaltspur von Religionskriegen durch die Geschichte der Neuzeit bis zur Gegenwart fundamentalistischer, wiederum nicht selten religiös motivierter, mindestens religiös verbrämter Regime oder Aktivitäten.

Wieso kann überhaupt und ausgerechnet Religion für eine solche Legitimation – oder besser: Scheinlegitimation – der Anwendung von Gewalt herhalten? Warum ist Religion, mit Blick auf die jeweilige Geschichte das Christentum übrigens ebenso wenig wie der Islam, nicht immun gegen eine solche Inanspruchnahme?

Dies ist der zweite Aspekt, der neben der Gemeinsamkeit von Politik und Religion in dem Bemühen um Domestizierung von Gewalt den wesentlichen, im Wortsinn fundamentalen

Unterschied markiert: Politik handelt von Interessen; Religionen definieren Wahrheiten und Ansprüche. Und indem sie das tun, integrieren und desintegrieren sie eine Gesellschaft zugleich. Es ist bestenfalls gut gemeint, aber nicht wirklichkeitsnah, Religionen im Besonderen und Kulturen im Allgemeinen als prinzipiell integrationstiftend oder integrationfördernd beschreiben zu wollen. Sie sind bei genauem Hinsehen – jedenfalls historisch betrachtet – janusköpfig. Sie tragen zur Entstehung von Konflikten bei *und* können bei intelligenter Wahrnehmung und Handhabung zu ihrem friedlichen Austragen wesentlich beitragen.

Der Anspruch auf Wahrheit schließt Abstimmungen aus. Mehrheiten können über Wahrheiten nicht befinden. Ob ein Satz wahr ist oder nicht, ist völlig unerheblich gegenüber der Frage, ob dieser Satz mehrheitliche Zustimmung findet. Er wird durch eine Mehrheit nicht richtiger als vorher. Der höchst subjektive Anspruch auf Wahrheit ist auch durch den Hinweis auf haushohe gegenteilige Mehrheiten nicht ernsthaft zu erschüttern.

Politik demgegenüber handelt nicht von Wahrheiten, sondern von Interessen. Der moderne Politikbegriff beruht geradezu auf der Bestreitung ewiger Wahrheiten. Das jedenfalls ist die in unserer Zivilisation im Kontext des Christentums entstandene Vorstellung von Politik und demokratischer Ordnung, die auf der Grundüberzeugung beruht, dass es einen Anspruch auf Wahrheit als Legitimation für konkretes, allgemein verbindliches Handeln nicht gibt. Niemand kann das, was er mit Wirkung für andere tut, mit dem Anspruch auf Wahrheit begründen. Und es dürfte ihm auch nicht gestattet werden, wenn er einen solchen Anspruch erhöbe. Anspruch auf Verbindlichkeit hat nach diesem Verständnis von Politik und demokratischer Ordnung nur, was in einer Gesellschaft allgemeine Akzeptanz findet, und Geltung hat es nur dann, wenn es den Verfahrensvereinbarungen entspricht, auf die sich diese Gesellschaft verständigt hat. Und das Mittel zur Feststellung der Geltung ist die Mehrheitsentscheidung. Was die Mehrheit beschließt, gilt – übrigens auch dann, wenn es nicht wahr ist. Die Logik des Systems beruht auf der gemeinsamen Überzeugung, dass nicht Wahrheitsansprüche Entscheidungen legitimieren, sondern die Verfahrensregel, wonach nur gilt, worauf sich die Mehrheit verständigt. Und nur unter diesem Gesichtspunkt der Ausklammerung von Wahrheitsansprüchen und der Vereinbarung eines für alle geltenden Verfahrensprinzips ermöglicht Politik die Integration des Unvereinbaren. Dadurch ist ein toleranter Umgang mit ganz unterschiedlichen Überzeugungen möglich.

Wenn ich hier nachdrücklich für eine konsequente Trennung von Politik und Religion, von Glauben und politischem Handeln eintrete, dann will ich damit ausdrücklich nicht die Religion zu einer reinen Privatangelegenheit ohne jede gesellschaftliche oder politische Bedeutung erklären. Im Gegenteil, meine zentrale These mit Blick auf das Verhältnis von Demokratie und Religion könnte lauten: Demokratie ist nur bei deutlicher Trennung von Politik und Religion möglich und setzt zugleich religiös begründete Orientierungen voraus, ohne die es diese Trennung gar nicht gäbe.

Natürlich ist Religion zunächst einmal in erster Linie Privatsache. Aber sie ist immer mehr, und sie muss auch mehr sein, sowohl von ihrem eigenen Anspruch her wie von den historischen Erfahrungen, die wir im eigenen Lande und anderswo mit Gesellschaften gemacht haben, die glaubten, dass die ultimative Distanzierung von jeder Art religiöser Orientierung ihr einen Zuwachs an Humanität, mindestens aber an Modernität sichern würde. Der Verzicht auf religiöse Orientierung oder ihr Verlust ist jedoch weder eine Garantie für einen Modernitätszuwachs einer Gesellschaft noch für einen Humanitätsgewinn.

Dass die moderne Politik, auch und gerade die westliche Politik, ohne den Beitrag der Religionen weder zu erklären noch zu verstehen ist, dazu gibt es in der jüngeren politischen, aber auch wissenschaftlichen und philosophischen Diskussion viele hinreichend häufig zitierte Belege. Und es ist unter vielerlei Gesichtspunkten aufschlussreich, mit welcher Regelmäßigkeit und Selbstverständlichkeit in diesem Zusammenhang besonders Jürgen Habermas zitiert wird, der von einer ganz anderen Ausgangsposition her zu einer Beurteilung der Unverzichtbarkeit religiöser Orientierungen für die innere Legitimation demokratischer Verfassungsstaaten kommt, die sonst eher bei Vertretern der Kirchen oder Religionsgemeinschaften vermutet wird. Der damals viele Angehörige der Anhängerschaften beider Gelehrter in gleicher Weise verblüffende Konsens von Jürgen Habermas und Joseph Ratzinger – die beide die Kultur des Glaubens und die Kultur der Vernunft als die beiden großen Kulturen des Westens beschrieben haben, die erst in dieser wechselseitigen Bezogenheit und Relativierung ihre prägende Kraft gewonnen hätten – ist jedenfalls ein starkes Indiz dafür, dass eine nüchterne Betrachtung von Zusammenhängen zur Identifizierung dieser Faktoren als unaufgebbare Kategorien der Verständigung und der Orientierung in modernen Gesellschaften führt. Ich persönlich würde es übrigens vorziehen, von der Verbindung von Vernunft und Glaube als *der* Kultur des Westens zu reden. Aber das ist zweifellos kein prinzipieller Unterschied, sondern nur ein etwas anderer Akzent.

Allein deshalb wird man den Beitrag der Religion auch für moderne Politik, für politisches Handeln in modernen Gesellschaften für völlig unverzichtbar halten müssen. In diesem Zusammenhang reicht möglicherweise der Hinweis darauf, dass die Unantastbarkeit der Menschenwürde, also der Obersatz unserer Verfassungsordnung, ganz offenkundig keine reine Verfahrensregel ist, sondern ein normatives Prinzip, das nicht von ungefähr kommt. Es ist im Übrigen keine staatliche Erfindung. Aber wir halten es heute fast alle für ein universales Prinzip. Menschenrechte werden nach unserem Verständnis nicht vom Staat gewährt, aber auch nicht von Kirchen oder Religionsgemeinschaften. Sie sind angeborene, unveräußerliche Rechte jedes Menschen. Der Staat gewährt sie nicht, er hat sie auch nicht zu tolerieren. Er hat sie zu achten und zu schützen. Das mindestens wird man als Leitkultur einer modernen demokratischen Gesellschaft festhalten dürfen. Dabei geht es keineswegs um einen vermeintlichen Dominanzanspruch einer Kultur im Verhältnis zu anderen Kulturen. Ein solcher Anspruch ist absurd, und wo er erhoben wird, nicht akzeptabel. Er sollte sowohl aus Gründen intellektueller Redlichkeit wie politischer Klugheit zurückgewiesen werden. Aber innerhalb einer konkreten Gesellschaft – jeder konkreten Gesellschaft – ist völlig unverzichtbar, dass klar sein muss, was gilt. Und dass dieser Geltungsanspruch auch nicht unter Hinweis auf möglicherweise anders entwickelte, kulturell begründete Überzeugungen in Frage gestellt werden darf. Eine Gesellschaft, die diesen Anspruch aufgibt, gibt sich als demokratische Verfassungsordnung auf. Sie stellt die Mindestbedingungen zur Disposition, auf denen ihre Stabilität beruht.

In der Denkschrift der Evangelischen Kirche in Deutschland „Identität und Verständigung. Standort und Perspektiven des Religionsunterrichts in der Pluralität" aus dem Jahr 1994 findet sich zu genau diesem Zusammenhang folgender Hinweis: „Der demokratische Verfassungsstaat ... fördert unterschiedliche Lebensauffassungen, Überzeugungen und Lebensstile. Toleranz ist ein grundlegendes Strukturmerkmal der freiheitlichen Demokratie. Sie setzt allerdings die Respektierung der Form des politischen Gemeinwesens voraus, in der die Unterschiede toleriert, die Gegensätze ausgetragen und ein gemeinsamer politischer Wille gebildet werden kann."

Und mit Blick auf den Religionsunterricht wird in dieser Denkschrift formuliert: „Dem Staat selber ist daran gelegen, dass die nachwachsende Generation sich mit den ihn tragenden Werten und ihrer kulturellen, weltanschaulichen und religiösen Herkunft auseinandersetzt, sie kritisch befragt und positiv füllt."

Ist das schlicht eine aus verständlichem, allemal legitimem Interesse formulierte kirchliche Position? Keineswegs. Es gibt eine Entscheidung des Bundesverfassungsgerichts, die beinahe textidentisch ist. Und sie ist – mit oder ohne Kausalzusammenhang – gerade einmal ein Jahr älter. In der Entscheidung zu der berühmten Frage, ob und unter welchen Bedingungen sich in öffentlichen Schulen Kruzifixe befinden dürften, erklärt das Bundesverfassungsgericht: „Auch ein Staat, der die Glaubensfreiheit umfassend gewährleistet und sich damit selber zu religiös-weltanschaulicher Neutralität verpflichtet, kann die kulturell vermittelten und historisch verwurzelten Wertüberzeugungen und Einstellungen nicht abstreifen, auf denen der gesellschaftliche Zusammenhalt beruht und von denen auch die Erfüllung seiner eigenen Aufgaben abhängt. Der christliche Glaube und die christlichen Kirchen sind dabei, wie immer man ihr Erbe heute beurteilen mag, von überragender Prägekraft gewesen. Die darauf zurückgehenden Denktraditionen, Sinnerfahrungen und Verhaltensmuster können dem Staat nicht gleichgültig sein" (BVerfG 93, 1, 22).

Mit anderen Worten: Die Vermittlung dieser Denktraditionen, Sinnerfahrungen und Verhaltensmuster liegt nicht nur im Interesse der Religion, sie ist Voraussetzung für die Vitalität unserer Demokratie.

XIV. Vom Guten, Wahren und Schönen.
Und von der Demokratie
Über Politik und Wissenschaft

Obwohl beide Professionen zweifellos ihre jeweils eigene Sprache haben und brauchen, sind die Schwierigkeiten im Verhältnis von Politik und Wissenschaft im Kern nicht Probleme der
Verständigung, der Sprache also, sondern der jeweiligen Aufgaben und Ansprüche.

Die Wissenschaft will wissen, was ist und warum es so ist, die
Politik will ändern, was ist, oder bewahren, was sich zu verändern
droht. „Politik" – so Peter Graf Kielmannsegg in einem Vortrag
über Politikberatung vor der Heidelberger Akademie der Wis-
senschaften – „folgt den Imperativen des Machterwerbs und der
Machterhaltung, so wie sie in den Regeln des demokratischen politischen Prozesses angelegt sind: Alle paar Jahre müssen Wähler-
mehrheiten im Wettbewerb gewonnen werden. Wissenschaft
folgt, pathetisch formuliert, dem Imperativ der Wahrheit. Sie ist
unbedingt verpflichtet auf ein Regelsystem, nach dem über Ge-
wissheit und Ungewissheit von Erkenntnis entschieden wird."

Albert Einstein verdanken wir neben der großen Relativi-
tätstheorie auch die kleine, aber aufschlussreiche Frage: „Wie
kommt es, dass mich niemand versteht und jeder mag?" Von
niemandem verstanden und von allen gemocht: der Traum aller Politiker, schon gar im Wahlkampf. Tatsächlich befinden
sich Wissenschaftler gegenüber Politikern in der insoweit doppelt luxuriösen Lage, dass weder jeder sie verstehen noch jeder
sie mögen muss. Für die Wissenschaft und ihre Befunde ist geradezu unerheblich, ob sie verstanden und, völlig gleich-gültig
im wörtlichen Sinne, ob sie gemocht werden.

Dennoch ist die Reichweite der Wissenschaft und ihrer praktischen Möglichkeiten ebenso begrenzt wie diejenige der Politik, wenn auch anders. Beide befinden sich in einer wechselseitigen Abhängigkeit: Weder kann die Politik sich gänzlich und dauerhaft von wissenschaftlichen Erkenntnissen isolieren, noch ist die Wissenschaft unabhängig von den Ressourcen, die ihnen politische Institutionen gewähren oder verweigern.

Mit der beispiellosen Menge an heute verfügbaren Daten und Informationen, darauf gestützten mehr oder weniger seriösen Analysen und damit verbundenen Optionen in Form von Handlungsempfehlungen ist nicht nur eine „Demokratisierung des Expertenwissens" eingetreten, sondern zugleich eine „Politisierung der wissenschaftlichen Politikberatung". So schreibt der Soziologe Peter Weingart: „Die Politisierung wissenschaftlichen Wissens in der politischen Arena hat den Niedergang der Autorität der wissenschaftlichen Experten zur Folge. Dieser Autoritätsverfall der wissenschaftlichen Experten spiegelt sich in der allgemeinen Demokratisierung der Gesellschaft wider, in der privilegiertes Wissen nicht mehr als Kriterium des sozialen Status gilt."

Die Politikberatung ist allerdings keine Erfindung der Neuzeit. Es gibt sie so lange wie die Politik – mit allen Risiken und Nebenwirkungen. Senecas Verhältnis zu Kaiser Nero, das mit dem angeordneten Selbstmord des politischen Beraters endete, ernüchtert ebenso wie die wechselhafte Florentiner Lebensgeschichte Niccolò Macchiavellis. Die Theorie wirkt häufig eindrucksvoller als ihre Umsetzung in der Praxis. Das Verhältnis von Herrschern und Ratgebern, von Politikern und Wissenschaftlern ist keineswegs nur von andächtiger gegenseitiger Bewunderung gekennzeichnet. Vielmehr gibt es ein tiefes wechselseitiges Misstrauen, das nicht zuletzt von der Vermutung geprägt ist, dass die jeweils anderen für die jeweiligen Aufgaben genau die Qualifikationen nicht haben, die für ihre sorgfältige Erledigung besonders wichtig sind. Ganz falsch ist dieser Verdacht übrigens nicht.

Zur Verdeutlichung dieser nicht nur subjektiven Reibungen zwischen Politikern und Wissenschaftlern, die sich weder allein auf Eitelkeiten noch auf Empfindlichkeiten zurückführen lassen, die es hüben wie drüben auch geben soll, will ich einige prominente Stimmen zitieren und kommentieren, die sich mit dem objektiv schwierigen Verhältnis von Politik und Wissenschaft auseinandersetzen.

Ich beginne mit dem Freiburger Biologen Hans Mohr und seiner interessanten, aber keineswegs unbestrittenen Empfehlung: „Was wir derzeit am dringendsten bräuchten in unserem Land sind neue Verfassungsartikel, die dem Umstand gerecht werden, dass in der modernen Welt jedwede ‚gute‘ Politik nur in enger Bindung an das wissenschaftlich gesicherte Wissen möglich ist. Ähnlich wie in Großbritannien, wo ein Wissenschaftler als ‚Chief Scientific Adviser‘ mit Kabinettsrang gewährleistet, dass die Stimme der Wissenschaft bei wichtigen politischen Fragen Gehör findet, könnte eine vergleichbare Institution auch in der Bundesrepublik Deutschland installiert werden.“

Ich persönlich glaube, dass eine solche Institution weder schaden noch wirklich nützen würde, auch wenn Mohr als „gesundes Verhältnis von Politik und Wissenschaft“ zu Recht „ein reziprokes Vertrauensverhältnis unter dem Schirm der demokratischen Rechtsordnung“ postuliert, nämlich „das Vertrauen der Politik in die Sachkompetenz und Unbestechlichkeit der Wissenschaft und das Vertrauen der Wissenschaftler darauf, dass die Politik im modernen demokratischen Staat das Sachwissen als Grundlage von Entscheidungen respektiert.“

Tatsächlich lassen sich für Einkommen wie Sozialhilfe, Steuersysteme und Steuersätze, für Alternativen der Energieversorgung oder der Verkehrsinfrastruktur wissenschaftliche

Befunde als Grundlage von Entscheidungen heranziehen, die ihrerseits wissenschaftlichen Ansprüchen weder genügen können noch entsprechen müssen, weil sie notwendigerweise politischen Charakter haben. Für alle Fragen der in einer konkreten Gesellschaft geltenden rechtlichen Bedingungen für das Entstehen wie das Beenden menschlichen Lebens gilt das in besonders auffälliger Weise. Dank der Fortschritte der Wissenschaft verfügen wir heute über erstaunliche Optionen am Anfang wie am Ende des Lebens, die sich gleichwohl oder gerade deshalb für juristische, schon gar verfassungsrechtliche Festlegungen regelmäßig nicht eignen, jedenfalls nicht unmittelbar daraus ergeben. Aber auch vergleichsweise banale Herausforderungen der Wirtschaftspolitik sind selbst mit aufwendigen wissenschaftlichen Methoden nur sehr begrenzt zu bewältigen, wie wir nicht erst seit der jüngsten großen Finanz- und Wirtschaftskrise wissen.

„Die Politik – nicht die Wissenschaft – muss entscheiden, was richtig und was falsch ist, was verantwortbar und was unverantwortlich ist", erklärte der damalige Bundespräsident Johannes Rau in einer Tischrede beim Wissenschaftsrat – und hatte damit beinahe Recht. Natürlich muss die Politik verantwortlich entscheiden, kann aber eben nicht festlegen, was richtig und was falsch ist, aus dem einfachen Grunde, weil sie es nicht weiß. Deshalb organisiert Politik ein Verfahren, um festzulegen, was in einer Gesellschaft gilt. Das – möglichst demokratisch ermittelte – Ergebnis gilt, ist aber nicht unbedingt richtig.

Meine Amtsvorgängerin Rita Süßmuth, die eigene Erfahrungen aus der Wissenschaft in ihre politische Laufbahn einbrachte, hat zum Ausdruck gebracht, „dass die Rationalität, dass die Vernunft, die in der Wissenschaft gepflegt wird – obwohl dort natürlich auch nicht immer alles nur vernünftig ist –, in der Weise auf die Politik nicht übertragbar ist. In der Politik

139

hat man nämlich mit anderen Bedingungen des Handelns zu tun. Erkenntnis kann man z. B. nicht eins zu eins in Handeln umsetzen: Es gibt die Frage der Zumutbarkeit im Hinblick auf die Wählerschaft, es gibt die Zumutbarkeit im Hinblick auf die Radikalität des Schrittes auch für denjenigen oder diejenige, die ihn selbst vornehmen muss." Die Vermittelbarkeit und damit die Durchsetzbarkeit eines Anliegens oder einer Absicht sind für die Politik ebenso unverzichtbar, wie sie für wissenschaftliche Erkenntnisse unerheblich sind. Deshalb muss sich der Politiker immer wieder um Kompromisse bemühen, die der Wissenschaftler grundsätzlich vermeiden sollte. „Als ich jung war, glaubte ich, ein Politiker müsse intelligent sein. Jetzt weiß ich, dass Intelligenz wenigstens nicht schadet." Dieser Stoßseufzer des hochangesehenen Parlamentariers Carlo Schmid, dessen Klugheit ebenso unbestritten war wie sein politischer Instinkt, verdeutlicht die relative Bedeutung der einen wie der anderen Begabung.

Auch Paul Kirchhof hat als Wissenschaftler, Verfassungsrichter und Schatten-Finanzminister seine eigenen Erfahrungen gemacht: „Der politische Wettbewerb unterscheidet sich grundlegend von dem Wettbewerb in Kunst und Wissenschaft. Das erfährt ein Wissenschaftler, der sich mit seinem Fachprogramm am Wahlkampf beteiligt. Im Wettstreit um den Wähler kämpft jeder für sich, will Macht erwerben oder erhalten, den Konkurrenten überbieten und ausstechen. Der Kandidat kämpft in eigener Sache, rückt sich in das Licht des Tüchtigen, Erfolgversprechenden, Entscheidungskräftigen und Sozialen, verweist den Gegner in das Dunkel des Widersprüchlichen, Halbherzigen, der Kälte und auch der Unredlichkeit. Die Wettbewerber werfen wechselseitig Schatten aufeinander, beschädigen damit die Zunft der Politiker insgesamt, säen Misstrauen gegen Politik, Herrschende und ihre Machenschaften." Hier kommt wohl auch eine Enttäuschung über die tatsächlichen

Verhältnisse in der Welt der Politik zum Ausdruck, der die scheinbar heile Welt der Wissenschaft als leuchtendes Beispiel entgegengehalten wird: „Der Wissenschaftler hingegen – ebenfalls ehrgeizig und um Anerkennung bemüht – kämpft mit dem Argument, durch das er die Fachöffentlichkeit, also seine potenziellen Mitbewerber, ansprechen will. Deshalb bindet er sich in Form und Stil, sucht den Konkurrenten nicht zu verletzen, sondern zu beeindrucken, weist das bessere Wissen des anderen nicht zurück, sondern übernimmt es als Grundlage seiner eigenen Forschungen. So entwickelt sich in der Wissenschaft Vertrauen, in der Demokratie Misstrauen."

Ganz so einfach ist es vielleicht doch nicht. Die Idealtypen, wie wir von Max Weber wissen, eignen sich hervorragend zur Verdeutlichung von Unterschieden, kommen aber als theoretische Konstrukte in der Realität nicht vor. Nicht erst seit dem sogenannten Historikerstreit ist offenkundig, dass ein Streit über Politik immer auch ein politischer Streit ist, auch wenn er unter Wissenschaftlern ausgetragen wird. Und was den Umgang mit Klimawandel und Umweltrisiken betrifft oder gezielte genetische Veränderungen von Pflanzen, Tieren und Menschen, sind Vertrauen und Misstrauen längst nicht mehr säuberlich verteilt auf die beiden rivalisierenden und kooperierenden Professionen.

Für Reichskanzler Otto von Bismarck war die Sache sehr übersichtlich: „Die Politik ist keine Wissenschaft, wie viele der Herren Professoren sich einbilden, sondern eine Kunst"; für den sehr viel staatskritischeren Heinrich Böll ist auch diese Lesart entschieden zu einfach: „Politik ist weder eine Wissenschaft noch eine Kunst, sie ist nicht einmal ein Handwerk, sie ist ein von Tag zu Tag sich neu orientierender Pragmatismus, der bemüht sein muss, die Macht und deren Möglichkeiten übereinanderzubringen." Das ist zwar nicht sehr freundlich formuliert, aber keineswegs grob falsch.

Immerhin verfügen Deutschlands Hochschulprofessoren über ein traditionell hohes Ansehen, das nach neuen Umfragen (zum Beispiel der Allensbacher Berufsprestige-Skala 2008) weiter gestiegen ist, während der ohnehin zweifelhafte Ruf der Politiker weiter verfällt. Wirklich tröstlich ist das für niemanden, nicht einmal für die Demoskopen. Wenn der kluge Spötter Peter Ustinov, der zu keiner der beiden Berufe gehört, Recht behält, wird das Letzte, das man hört, bevor die Welt explodiert, die Stimme eines Experten sein – mit der Auskunft: „Das ist technisch unmöglich." Ähnlich beruhigende, aber ganz und gar nicht zutreffende Botschaften waren von manchen Finanzexperten zur Verfassung der internationalen Kapitalmärkte zu hören. Nach den beispiellosen Turbulenzen des Jahres 2009 mit den dramatischen Zusammenbrüchen renommierter Banken leuchtet die ironische Bemerkung des vielfach preisgekrönten Politikwissenschaftlers Alfred Grosser noch mehr ein, Politologen seien diejenigen, die hinterher immer sagen, wieso man vorher habe wissen können, wie eine Sache ausgegangen ist.

Tatsächlich weiß man es vorher in der Regel nicht und schon gar nicht genau. Die Politiker nicht und die Wissenschaftler auch nicht. Aber beide haben ihren – allerdings unterschiedlichen – Anteil an den bestehenden Verhältnissen und den Möglichkeiten, sie zu ändern. Sie erweitern ihre Erkenntnisse wie ihre Gestaltungsspielräume nicht, wenn sie die Verschiedenartigkeit ihrer Ziele wie ihrer Methoden verkennen oder bestreiten.

Die klassische Frage der Wissenschaft wie der Religion ist die Frage nach der Wahrheit. Die Aussichtslosigkeit einer abschließenden Beantwortung dieser Frage ist zugleich die Voraussetzung für Demokratie. Das zentrale Prinzip demokratischer Entscheidung, nämlich die Mehrheitsentscheidung, hat zur logischen Voraussetzung, dass es keinen Wahrheitsanspruch gibt, jedenfalls nicht als Legitimation politischer Macht. Über Wahrheiten lässt sich nicht abstimmen. Wenn ich mich einer Abstimmung unterwerfe, hat die Rationalität dieses Verhaltens zur logischen Voraussetzung, dass ich für meine Position genauso wenig einen Wahrheitsanspruch reklamieren kann wie für die anderen Positionen, die ihr entgegengesetzt werden.

Es gehört zu den ebenso weitverbreiteten wie bedenklichen Verirrungen der politischen Kultur in Deutschland, dass sich Mehrheiten immer wieder gerne einreden, das Vorhandensein dieser Mehrheit sei gleichzeitig auch der Nachweis für die Richtigkeit der eigenen Position. Das Gegenteil ist richtig; hätte man die Richtigkeit der eigenen Position nachweisen können, wäre die Abstimmung unnötig, unsinnig gewesen. Wir haben es hier insofern eher mit der Perversion von Logik zu tun beziehungsweise mit der Transformation einer legitimen Position in politische Propaganda.

Die Einsicht in die Aussichtslosigkeit einer abschließenden Beantwortung der fundamentalen Frage nach der Wahrheit macht die ewige Suche nach Gewissheiten natürlich nicht obsolet, wohl aber den Anspruch auf Wahrheit als Legitimation für gesellschaftliches oder politisches Handeln. Diese Einsicht zu bewahren und zu vermitteln, ist nicht nur Aufgabe der Wissenschaft. Es gibt aber keine zweite Einrichtung, die so vital auf diesen Zusammenhang angewiesen ist wie die Hochschulen und die Akademien. Diese zentrale Einsicht wieder ins Bewusstsein zu heben und sie gegen manche Denkfaulheit, Manipulationsversuche und Propaganda als eine, wenn nicht *die* unaufgebbare Errungenschaft unserer Zivilisation zu vertreten, das ist die große Aufgabe der Wissenschaft in einer freiheitlichen, demokratischen Gesellschaft.

XV. Der Staat ist nicht für Kunst zuständig, sondern für die Bedingungen, unter denen sie stattfindet
Über Politik und Kultur

Die Frage „Wer trägt die Verantwortung für die Kultur?" ist geradezu simpel; auch deshalb ist die Antwort alles andere als einfach. Die Schwierigkeiten einer Beantwortung dieser Frage beginnen schon mit dem hoffnungslos inflationierten Kulturbegriff. Von der Alltagskultur über die Esskultur und Trinkkultur, die Hauptstadtkultur, die Streitkultur bis zur Wohnkultur, um nur ein halbes Dutzend vieler Hunderter Begriffsbildungen der jüngeren Vergangenheit zu nennen. Eckhard Henscheid hat schon vor Jahren eine Publikation mit dem Titel „Alle 756 Kulturen – eine Bilanz" vorgelegt, und in diesem Zusammenhang einen virtuellen „Grand Prix der Kulturen" ausgelobt, der im Übrigen in dieser Verbindung von eindrucksvollen Quantitäten und ironisierender Nachfrage die Schwierigkeiten im Umgang mit dem Thema schon hinreichend illustriert.

Die kürzeste und zugleich richtigste mögliche Antwort auf die Frage „Wer trägt die Verantwortung für die Kultur?" könnte und müsste lauten: Wir. Wir alle. Die Bürgerinnen und Bürger, die Vereine und Verbände, die Kirchen und die Medien, die Parteien und der Staat. Der Staat nicht zuerst und ganz gewiss nicht zuletzt. Er hat eine unverzichtbare, auch nicht kompensierbare, aber ganz sicher keine exklusive Verantwortung für die Kultur dieses Landes und dieser Gesellschaft.

„Die Bundesrepublik Deutschland ist ein demokratischer und sozialer Bundesstaat. Die Gesetzgebung ist an die verfassungsmäßige Ordnung, die vollziehende Gewalt und die Rechtsprechung sind an Gesetz und Recht gebunden." Das

Grundgesetz verpflichtet in Artikel 20 diesen deutschen Staat ausdrücklich auf die Prinzipien von Demokratie, Sozialstaat, Bundesstaat und Rechtsstaat. Von Kulturstaat ist in diesem Zusammenhang keine Rede. Insoweit hat die politische Praxis die Verfassungstheorie längst überholt. Natürlich hat der Staat, jeder Staat, eine kulturpolitische Verantwortung. Wie weit oder eng auch immer der Staat seine Aufgaben versteht, er ist für die Lebensbedingungen seiner Bürger verantwortlich, mindestens mitverantwortlich. Dass dazu innere und äußere Sicherheit, Polizei und Armee, Krankenhäuser und Kasernen, Straßen und Bäder, nicht aber Sprache, Geschichte, Tradition, also die Kultur eines Landes gehören sollen, ist eine absurde Vorstellung. Zu den staatlichen Aufgaben zählt natürlich auch die Verantwortung für Kunst und Kultur. Dieses Selbstverständnis der Bundesrepublik Deutschland als Kulturstaat hat nach manchen Bekräftigungen in Entscheidungen des Bundesverfassungsgerichts im Einigungsvertrag, also im Kontext der Wiederherstellung der staatlichen Einheit Deutschlands, erstmals ausdrücklich auch einen verfassungsrelevanten Ausdruck gefunden.

Es gibt gewiss viele große Kulturnationen. Aber es gibt nur wenige Staaten, die für Kunst und Kultur absolut und relativ so viele öffentliche Mittel einsetzen wie Bund, Länder und Gemeinden in Deutschland. Über 90 Prozent der Kulturausgaben in Deutschland werden aus staatlichen Haushalten aufgebracht, weniger als zehn Prozent von Privatpersonen, gemeinnützigen Organisationen, Stiftungen und Sponsoren, deren Anteil an der Gesamtfinanzierung in der Öffentlichkeit inzwischen maßlos überschätzt wird. Diese Relation von ziemlich genau 90:10 bei der öffentlichen versus privat-bürgerschaftlichen Verantwortung für die Finanzierungserfordernisse eines Kulturstaates versteht sich keineswegs von selbst. Es gibt andere bedeutende Länder, in denen die Relation völlig anders ist.

In den Vereinigten Staaten sind sie fast präzise umgekehrt: Dort sind zehn Prozent öffentlich und 90 Prozent privat-bürgerschaftlich organisiert. Kunst- und Kulturförderung wird dort als private, in Deutschland als öffentliche Aufgabe verstanden – glücklicherweise und überhaupt nur verständlich und erklärbar auf dem Hintergrund einer jahrhundertealten Geschichte, in der ein Föderalismus, der damals noch nicht so hieß, auch im konkurrierenden Repräsentationsaufwand rivalisierender Fürstenhäuser die Vielzahl, die Breite, die Verteilung der Kunst- und Kultureinrichtungen in Deutschland möglich machte, die wir im besten Wortsinn geerbt haben und manchmal etwas vorschnell für selbstverständlich halten.

Ungefähr acht Milliarden Euro werden jährlich als öffentliche Kulturfinanzierung innerhalb der Bundesrepublik Deutschland aufgebracht. Von diesen acht Milliarden Euro entfällt wiederum der Löwenanteil auf die Kommunen und die Länder, die zusammen knapp 90 Prozent der öffentlichen Mittel in Deutschland aufbringen, während der Bund seinerseits gut zehn Prozent dieser Kosten trägt; dazu kommen allerdings noch eine Milliarde Euro an Bundesmitteln für Programme und Projekte der auswärtigen Kulturpolitik, für die er eine originäre Verantwortung hat.

Die genannten Größenordnungen sind, wie meistens, sehr relativ: Pro Einwohner werden in Deutschland jährlich weniger als 100 Euro für Kunst und Kultur aus öffentlichen Kassen verausgabt. Der Anteil der Kunst- und Kulturförderung an den öffentlichen Haushalten beläuft sich damit auf nicht einmal zwei Prozent, und gemessen an unserem Bruttoinlandsprodukt reden wir über einen Anteil von weniger als einem halben Prozent. Die Kulturausgaben der öffentlichen Hände sagen etwas über den Stellenwert, den die Förderung von Kunst und Kultur in der Politik hat, sie geben aber zweifellos keine hinreichende Auskunft, in welchem Ausmaß der Staat seiner Verantwortung für die Kultur nachkommt. Dazu will ich ein paar Hinweise geben, um deutlich zu machen, dass neben manchen bemerkenswerten Errungenschaften dieses deutschen Kulturstaates es auch manche beachtliche Fehlentwicklungen gibt und dass wir durchaus Anlass haben, kritisch darüber nachzudenken, ob hinter und unter der nach wie vor glänzenden Fassade nicht zunehmend die Fundamente zu bröckeln begonnen haben.

Der erste kritische Hinweis betrifft die zuletzt im Zusammenhang mit der Föderalismusreform wieder aufgelegte Debatte über die sogenannte Kulturhoheit, also die Zuständigkeit staatlicher Hände für die Förderung von Kunst und Kultur. Der immer wieder aufflammende Streit zwischen Bund und Ländern um diese Kulturhoheit ist nach meinem Verständnis gleich doppelt abwegig. Erstens wird niemand vernünftigerweise den Kulturstaat Deutschland bekräftigen und gleichzeitig eine prinzipielle Unzuständigkeit des Bundes für diesen Kulturstaat durchsetzen wollen. Und zweitens lässt sich das Verhältnis des Staates zu Kunst und Kultur kaum missverständlicher ausdrücken als ausgerechnet mit diesem Begriff „Kulturhoheit". Ein Staat, der Kunst und Kultur mit hoheitlicher Gebärde begegnet, ist sicher kein Kulturstaat.

Meine zweite Anmerkung zur aktuellen Lage des Kulturstaates Deutschland: Der Kulturstaat kann seinen Ansprüchen nur genügen, wenn er von einer engagierten Bürgergesellschaft getragen und getrieben wird. Dies gilt sowohl für die innere Legitimation und Mehrheitsfähigkeit steuerfinanzierter Kulturausgaben, die wie jede öffentliche Ausgabe auch öffentlich rechenschaftspflichtig sind, als auch und erst recht für deren notwendige Ergänzung durch privatwirtschaftliche und gemeinnützige Aufwendungen. Dabei erwarten Stifter und Spender regelmäßig, und mit vollem Recht, dass die von ihnen zur Verfügung gestellten Mittel nicht *statt* öffentlicher Ausgaben, sondern zusätzlich bereitgestellt werden, um Programme und

Projekte möglich zu machen, die das vorhandene Angebot ergänzen sollen.

Ich finde durchaus ermutigend, welche erstaunlich schnellen Wirkungen das vor wenigen Jahren reformierte Stiftungssteuerrecht in Deutschland ausgelöst hat, von dem nun Jahr für Jahr in einem beachtlichen Umfang Gebrauch gemacht wird. Zurzeit gibt es in Deutschland fast 17.000 solcher gemeinnütziger Stiftungen, die zusammen inzwischen über ein Kapital von ca. 100 Milliarden Euro verfügen, deren Erträge für gemeinnützige Zwecke verwendet werden – ein beachtlicher Umfang auch zur Förderung von Kunst und Kultur, und jedes Jahr kommen 800 bis 1000 neue Stiftungen dazu. Aber auch hier gilt wieder der Hinweis auf die Relativität solcher quantitativen Befunde. Am Beginn des letzten Jahrhunderts war die Zahl der gemeinnützigen Stiftungen in Deutschland um ein Vielfaches höher als heute. Und sie ist über Weltwirtschaftskrisen, vollständige Geldentwertung und eine politisch verfolgte, jedenfalls nicht gewünschte und deswegen am Ende gründlich ruinierte bürgerschaftliche Kultur auch und gerade gemeinnützigen Engagements auf einen Rest geschrumpft, den wir seit der Jahrhundertwende vom 20. zum 21. Jahrhundert nun mühsam wieder zu restaurieren im Begriffe sind.

Die dritte Anmerkung zur allgemeinen Lage: Der nach meiner persönlichen Einschätzung besorgniserregendste Teil der kulturellen Verfassung der Bundesrepublik Deutschland betrifft die kulturelle Bildung in unserem Land. Die Vermittlung von Grundlagen und Interesse an bildender Kunst und Musik, wenn eben möglich auch die Motivation zur eigenen aktiven künstlerischen Betätigung ist in den deutschen Schulen längst notleidend geworden. Der allgemein beklagte Unterrichtsausfall ist in den musischen wie in den orientierenden Fächern eher überdurchschnittlich ausgeprägt. Immer häufiger wird der Unterricht fachfremd erteilt, also ohne die unbestrittene Professionalität, die in geistes- und naturwissenschaftlichen Fächern für völlig unverzichtbar gehalten wird. Für den Umgang mit Kunst und Kultur gilt aber natürlich in gleicher Weise wie für die Geistes- und Naturwissenschaften, dass ohne Kenntnis auch kein Verständnis und ohne Motivation auch kein Engagement zu erreichen ist. Wenn bei Kindern und Jugendlichen das Interesse an Kunst und Kultur nicht nachwächst, dann vermindert sich unvermeidlicherweise in Zukunft sowohl das Angebot wie die Nachfrage für künstlerische Berufe sowie die großen und kleinen Kultureinrichtungen, deren Bestand keineswegs nur durch aktuelle Haushaltsprobleme ihrer Träger gefährdet ist. Der große und bunte Garten der deutschen Kulturlandschaft ist nach meiner Überzeugung weit weniger in seinen Blüten bedroht als in seinen Wurzeln.

Viertens. Der Staat ist nicht für Kunst und Kultur zuständig, sondern für die Bedingungen, unter denen sie stattfinden. Er hat keine materielle Zuständigkeit für die Inhalte und die Formen, in denen sich Kunst und Kultur in einer Gesellschaft entfalten. Aber er hat eine originäre und nicht kompensierbare Verantwortung für die Bedingungen, unter denen eine solche Entfaltung überhaupt möglich ist. Deshalb kann Kulturpolitik gar nicht anspruchsvoll genug sein und muss zugleich die Bescheidenheit einüben, zu deren Ende Heinrich Böll auf der anderen Seite die Künstler seinerzeit aufgerufen hat. Nirgendwo, in keinem anderen Bereich der Gesellschaft ist die Distanz zum Staat so groß und so demonstrativ und zugleich die Erwartung der Alimentierung so ausgeprägt wie in Kunst und Kultur. Das scheint intellektuell weder besonders zwingend noch moralisch von bestechender Größe, aber es ist eine weitverbreitete Attitüde, die ihrerseits beinahe kunstvoll genannt werden kann. Worauf es aber allein ankommt: Sie ist berechtigt. Die Kunst hat einen Anspruch gegenüber dem Staat, soweit er denn Kulturstaat sein will. Nicht aber der Staat gegenüber Kunst und Kultur. Salopp formuliert: Der Kunst kann der Staat egal sein, dem Staat die Kunst nicht. Und die Kultur schon gar nicht.

Und damit bin ich bei meinem fünften und letzten und vielleicht wichtigsten Aspekt, der allein durch die noch einmal demonstrative Gegenüberstellung der beiden Begriffe Kunst und Kultur deutlich macht, dass wir hier zwar über einen nicht auflösbaren Zusammenhang diskutieren, aber eben nicht über ein und dasselbe. Wenn von der Verantwortung für die Kultur die Rede ist, sind natürlich auch die Künste gemeint, aber doch ganz sicher nicht nur sie.

Kultur ist Voraussetzung auch jeder Verfassung. Verfassungen setzen in rechtliche Ansprüche und Verpflichtungen um, was historisch und kulturell gewachsen ist; welche Erfahrungen eine Gesellschaft mit sich selbst gemacht hat, welche Überzeugungen in ihr gewachsen sind, welche Orientierungen sich daraus für individuelles und gesellschaftliches Verhalten ergeben. Dies ist das Fundament, auf dem jede beliebige Verfassung beruht. Und weil dieses Fundament notwendigerweise unterschiedlich ist, je nachdem über welche Gesellschaft mit welchen Erfahrungen und Orientierungen und Überzeugungen wir reden, sind die Verfassungen naheliegenderweise auch nicht identisch. Und dies reicht auch fast als Erklärung dafür, warum auch die hartnäckigsten Anstrengungen, scheinbar perfekte Verfassungstexte in Länder zu exportieren, die sich um eine Modernisierung ihrer politischen Strukturen bemühen, am Ende ausnahmslos alle nicht wirklich gelingen. Bestand und Wirkungsmacht können Rechte, Grundrechte nur haben, wenn ihre kulturellen Grundlagen nicht erodieren. Gerade die deutsche Verfassungsgeschichte bietet für diesen Zusammenhang einen deprimierend deutlichen Beleg. Die Verweigerung oder Vertagung einer als lästig empfundenen Grundsatzdebatte

über unverzichtbare normative Voraussetzungen unserer
Rechts- und Verfassungsordnung und damit über Kultur als
die Grundlage unserer Gesellschafts- und Staatsordnung läuft
auf die bestenfalls naive Vermutung hinaus, man müsse sich
nun um die Wurzeln nicht mehr kümmern, nachdem die Bäu-
me so prächtig gediehen sind.

Von Winston Churchill stammt der schöne, nicht nur für
Politik wie Kultur beachtliche Satz „Der Preis der Größe heißt
Verantwortung." Das eine ist ohne das andere nicht zu haben.
Die Verantwortung für Kultur ist Voraussetzung der Erhaltung
ihrer Bedeutung. Dieser Verantwortung müssen wir gerecht
werden. Wir alle.

XVI. Misstrauen ist der Anfang vom Ende
Kapitalismus und Demokratie in Zeiten der Globalisierung

In seiner „Theorie des kommunikativen Handelns" schreibt Jürgen Habermas: „Zwischen Kapitalismus und Demokratie besteht ein unauflösliches Spannungsverhältnis; mit beiden konkurrieren nämlich zwei entgegengesetzte Prinzipien der gesellschaftlichen Integration um den Vorrang." Ich glaube, dass diese Beobachtung natürlich nicht frei erfunden, im Kern gleichwohl unzutreffend ist. Ich glaube, dass auch und gerade bei sorgfältiger und kritischer Betrachtung der Gemeinsamkeiten und der Unterschiede zwischen einer wettbewerbsgesteuerten Wirtschaftsordnung auf der einen Seite und einer demokratischen politischen Ordnung einer Gesellschaft auf der anderen Seite ihre Gemeinsamkeiten relevanter sind als die Unterschiede. Beiden Systemen, der Wirtschaftsordnung Markt und der politischen Ordnung Demokratie, liegt das gleiche Strukturprinzip zugrunde, nämlich im Wettbewerb Ergebnisse zustande kommen zu lassen, nach nicht identischen, aber eben strukturell ähnlichen Verfahren.

Wir machen nicht erst zu Beginn des 21. Jahrhunderts die gelegentlich ernüchternde Erfahrung, dass auch in stabilen demokratischen Systemen Fehlentwicklungen und Fehlleistungen möglich sind und dass sie auch in höchsten Rängen von Politik und Wirtschaft stattfinden können. Aber wir sollten mit dem notwendigen richtigen Hinweis auf diese Möglichkeit nicht den Blick auf die Erfahrung verstellen, dass es unter den bisher bekannten politischen wie ökonomischen Systemen keine ausgewiesenen Alternativen gibt, die schneller und wirkungsvoller faktische Fehlentwicklungen und Fehlleistungen als solche offenbaren und Veränderungen erzwingen. Diese Fähigkeit, Transparenz zu erzwingen, Fehlentwicklungen zu identifizieren, Irrtümer zu korrigieren und falsche Entwicklungen abzustellen, ist keinesfalls ein zweitrangiges Merkmal für die tatsächliche Leistungsfähigkeit von Ordnungssystemen. Der Umgang mit moralischen Ansprüchen gegenüber kodifizierten Systemen ist eine besonders delikate Herausforderung. Ich bin – wie der bedeutende Sozialethiker Oswald von Nell-Breuning – der Überzeugung, dass man allen anderen Varianten diejenigen politischen und ökonomischen Systeme vorziehen sollte, die die geringsten Ansprüche an die individuelle Moral stellen. Diese auf den ersten Blick verblüffende Auskunft, die man selbst auf den zweiten Blick für einen Anflug von Zynismus halten könnte, ist bei genauerem Hinsehen sehr gut durchdacht. Ein System, ob in der Wirtschaft oder in der Politik, das nur dann funktioniert, wenn alle Beteiligten hohe moralische Ansprüche an ihr eigenes Verhalten und insbesondere natürlich an das Verhalten anderer stellen, funktioniert in der Regel überhaupt nicht. Denn es zahlt Prämien an diejenigen, die sich diesem erwarteten Moralkodex nicht beugen und nur den eigenen Vorteil verfolgen. Deswegen will ich wegen der Ernsthaftigkeit des Problems ausdrücklich meine Skepsis gegenüber gesetzlichen Regelungen zu Protokoll geben. Eine Gesellschaft, die moralische Ansprüche kodifizieren muss, die in gesetzliche Verpflichtungen umsetzen muss, was sie an sozialem Verhalten von ihren Mitgliedern erwartet, hat die Schlacht schon verloren, die auf dem Feld der Gesetzgebung gar nicht gewonnen werden *kann*.

Gleichwohl haben wir Anlass darüber nachzudenken, ob in unserem Wirtschafts- wie in unserem politischen System, die beide aus guten Gründen so verfasst sind wie beschrieben, das Maß auch und gerade an moralischen Standards, an Verhal-

tensmustern, gesichert ist – ein Maß, ohne das Verfassungs-
institutionen wie Wirtschaftsunternehmen zwar nicht notwendigerweise ihre Funktionsfähigkeit, ganz sicher aber ihre
Glaubwürdigkeit riskieren. Deswegen möchte ich ein paar Bemerkungen machen zum Verhältnis von Gleichheit und Ungleichheit als zwei sich besonders heftig im Wege stehenden
Orientierungen nicht nur, aber insbesondere moderner Gesellschaften, die sich normativ durch den Gleichheitsgrund-
satz und statistisch durch ein eher wachsendes Maß an Ungleichheit auszeichnen. Wie gehen Gesellschaften damit um,
dass sie das Prinzip der Gleichheit aller Menschen als Verfas-
sungsprinzip wie eine Fahne vor sich hertragen und gleichzeitig im täglichen Leben, in den tatsächlichen Lebensverhältnis-
sen der Menschen ein immer höheres Maß an tatsächlicher
Ungleichheit wenn schon nicht bewirken, so doch zumindest
tolerieren?

Ich persönlich glaube nicht, dass es ein generelles Bedürfnis
nach Gleichheit der tatsächlichen Lebensverhältnisse gibt. Anders formuliert, ich habe den Eindruck, dass die allermeisten
Menschen mit dieser gerade erwähnten statistischen Ungleichheit relativ gut zurande kommen. Ungleichheit ist einer der
größten Vorzüge der Schöpfung. Die Menschheit befände sich
in einer völlig anderen Verfassung, wenn es Ungleichheit mit
ihren stimulierenden Wirkungen einschließlich der Frustra-
tionserfahrungen nicht gäbe. Ungleichheit wird aber immer
dann ein Problem, wenn es keinen plausiblen Zusammenhang
mehr gibt zwischen individueller Leistung und individuellem
Einkommen, meinetwegen auch Exklusivität eines Angebots
oder einer Leistung und damit verbundenem Einkommen
oder Vermögen, sondern wenn der Eindruck entsteht, dass
selbst bei verweigerter Leistung oder bei nachgewiesenen Fehlleistungen die Bezahlungen oder Abfindungen besonders üp-
pig ausfallen.

Dabei geht es nicht um eine theoretische Fallkonstellation, sondern um die Lebenswirklichkeit. Das Problem sind die zunehmend aus dem Lot geratenen Einkommensproportionen. Das Verhältnis der Vorstandsgehälter zu den Einkommen der übrigen Beschäftigten desselben Unternehmens hat sich in einer erstaunlichen Weise verselbständigt. In Deutschland ist das Verhältnis der durchschnittlichen Pro-Kopf-Einkommen zwischen Vorstand und Mitarbeitern der Dax-30-Unternehmen von 1987 bis 2008 vom 14- auf das 49-Fache gestiegen, wobei der Anstieg ab Mitte der 90er Jahre deutlich höher ist als in den Jahren zuvor. Nach einer im März 2010 veröffentlichten Studie sind die Gehälter der Vorstandsmitglieder dieser Unternehmen dabei selbst gegenüber der zweithöchsten Hierarchieebene noch um durchschnittlich das 20-Fache höher. Noch frappierender sind die Differenzen im globalen Maßstab. In zahlreichen Unternehmen lassen sich teilweise absurde Einkommensrelationen beobachten. So bekam in den Vereinigten Staaten der Vorstandsvorsitzende von Wal Mart 2005 mit 17,5 Millionen Dollar rund 900-mal so viel wie das Durchschnittseinkommen der Beschäftigten seines Unternehmens.

Selbst als leidenschaftlicher Anhänger der Unverzichtbarkeit von Ungleichheit finde ich für diese Relationen keine überzeugende Begründung und auch nicht für die vielzitierten „Boni" von Investmentbankern, die für ein ohnehin ordentliches Festgehalt mit Geldern spekulieren, die ihnen nicht gehören, die im Erfolgsfall fürstlich honoriert und bei gescheiterten Geschäften von Bürgschaften und Einlagen der Steuerzahler unterstützt werden, um nach staatlich verhindertem Kollaps scheinbar unbelehrt und unberührt ihre finanziellen Wetten wieder aufzunehmen und mit neuen Boni vergüten zu lassen. Alles spricht für die Vermutung, dass die haushohe Mehrheit aller real existierenden Gesellschaften für solche Relationen keine nachvollziehbare Begründung findet. Was übrigens unter den Bedingungen einer demokratisch verfassten Gesellschaft einschlägige Folgen hat. Für die Einschätzung der Angemessenheit von Relationen ist nämlich nicht das Selbstbewusstsein der Vorstandsmitglieder maßgeblich, sondern die Mehrheitsverhältnisse in der Wählerschaft. Deswegen kann ich nur dringlichst empfehlen, die Erosionen ernst zu nehmen, die längst stattfinden.

Die Verteilung von Einkommen und Vermögen empfinden in Deutschland fast zwei Drittel der Bevölkerung als ungerecht. So hoch war der Anteil nie. Noch bei einer vergleichbaren Untersuchung vor wenigen Jahren waren es etwas über 50 Prozent, die Vorbehalte gegenüber der Gerechtigkeit der Verteilungsrelationen angemeldet haben. Und was vielleicht noch aufschlussreicher ist: Differenziert man die Skepsis der Befragten nach Parteipräferenzen, dann wird es nicht gänzlich überraschen, dass 91 Prozent der Anhänger der Linkspartei die Einkommens- und Vermögensverteilung in Deutschland als ungerecht empfinden. Bei der SPD sind es 76 Prozent, bei den Grünen-Wählern 75 Prozent, bei den Wählern der Union 66 Prozent und bei den Wählern der FDP 65 Prozent. Mit anderen Worten: Bei den Wählerinnen und Wählern aller im Deutschen Bundestag vertretenen politischen Parteien beträgt die Einschätzung einer ungerechten Einkommens- und Vermögensverteilung in Deutschland mindestens zwei Drittel – virtuell ist das eine verfassungändernde Mehrheit.

Ich glaube, dieser Vertrauensverlust hat viel zu tun mit der grundlegenden Veränderung, die in den vergangenen drei, vier Jahrzehnten in Zeiten der Globalisierung im Verhältnis der beiden Produktionsfaktoren Arbeit und Kapital eingetreten ist. Seit Anfang der 70er Jahre gibt es einen völlig eindeutigen statistischen Trend, dass die Wertschöpfung in unserer Volkswirtschaft, übrigens in allen anderen entwickelten Volkswirtschaften in einer sehr ähnlichen Weise, nicht mehr durch zusätzlichen Arbeitseinsatz zustande kommt, sondern durch die Verbindung von Kapitaleinsatz und Technologie, von Kapital und Wissen. Der Anteil der Arbeit an der Wertschöpfung moderner Volkswirtschaften befindet sich seit Jahrzehnten im Sinkflug. Und wir machen auch seit Jahren die eher schwierige Erfahrung, dass weder Arbeit verlässlich Wachstum schafft noch Wachstum sicher Arbeit. Der Zuwachs des Volksvermögens entfällt seit den 70er Jahren ganz überwiegend auf Unternehmensgewinne und Kapitalerträge, während der Anteil der Arbeitseinkommen stagniert.

Auch das Verhältnis von Unternehmen und Unternehmern hat sich in einer bemerkenswerten Weise verändert, naturgemäß viel stärker in den größeren als in den kleineren und mittleren Unternehmen. Aber der Typus des persönlich und mit seinem Vermögen haftenden Unternehmers wird immer mehr zur seltenen Ausnahme, und der Typus des smarten Managers, der die Rentabilitätsinteressen des jeweiligen Unternehmens befördert, dominiert die Szene. Das ist mehr als eine marginale Veränderung der Rahmenbedingungen, zumal der zweite Typus von Unternehmern aus wiederum naheliegenden Gründen ein ganz anderes Verhältnis zu seinem Unternehmen hat, mit dem ihn zunächst nicht mehr als ein Fünf-Jahres-Vertrag verbindet, übrigens nachweisbar bei statistisch immer kürzeren tatsächlichen Verweildauern im jeweiligen Unternehmen. Den Manager verbindet in der Regel – platt gesprochen – fast nichts mit dem Produkt des jeweiligen Unternehmens. Er hat ein vitales Interesse an den Bilanzen, die auch in immer kürzeren Fristen auf internationalen Kapitalmärkten Gegenstand intensiver Bewertungen sind.

Wie soll man den Arbeitnehmern erklären, dass ihr Arbeitsplatz nicht gehalten werden kann, wenn weder das Produkt, das sie anbieten, am Ende seines Lebenszyklus angekommen ist, noch die Firma, die dieses Produkt herstellt, einen signifikanten Einbruch des eigenen Marktanteils oder eine negative Veränderung von Umsätzen oder Erträgen hinnehmen muss, wenn ganz im Gegenteil die Bilanz genau dieses betroffenen Unternehmens steigende Marktanteile, steigende Umsätze, Rekordgewinne ausweist und pro Beschäftigten des Standortes einen hohen Gewinn? Wie soll die Politik, bei der die Probleme dann regelmäßig abgeladen werden, den Arbeitnehmern erklären, dass ihr Arbeitsplatz leider nicht zu retten sei? Außer mit dem allerdings zutreffenden Argument, dass sich die Rentabilitätsinteressen in Zeiten der Globalisierung in der Weise verselbständigt haben, dass die Prioritäten ein für allemal in dieser Reihenfolge zementiert sind. Wenn dies aber die ehrliche und einzige Botschaft ist, dann möchte ich die nächsten Umfragen über das Ansehen von Marktwirtschaft am liebsten gar nicht mehr lesen.

Das, was in der Politik Mehrheiten als Mindestvoraussetzung für die Gültigkeit von angestrebten Entscheidungen sind, ist im Bereich der Wirtschaft – schon gar im Bereich des Finanzsystems – das Vertrauen. So lautet ein schöner Werbespruch der Deutschen Bank von Anfang der 90er Jahre: „Vertrauen ist der Anfang von allem." Man könnte hinzufügen: Misstrauen ist der Anfang vom Ende. Dies wissen wir nicht erst seit Beginn der Turbulenzen auf den internationalen Finanzmärkten. Seitdem gibt es eine neue Einsicht, und es gibt eine neue Versuchung. Beides hängt ganz unmittelbar mit den Erfahrungen zusammen, die wir im Zusammenhang mit der Finanz- und Wirtschaftskrise gemacht haben.

Zu den voreiligen Verallgemeinerungen gehört die Behauptung, wir hätten im Bereich der Finanzmärkte zu wenig Regulierung. Ich glaube nicht, dass dies so zutrifft. Wir haben bei deutschen Banken und Finanzinstitutionen im Branchenvergleich ein beachtliches Maß an Regulierung, möglicherweise an der einen oder anderen Stelle sogar zu viel.

Aber wahr ist offenkundig, dass ein immer größerer Teil der Finanztransaktionen aus den nationalen Märkten längst auf globale Märkte ausgewandert und mit dieser Auswanderung aus den jeweiligen nationalen Regulierungen und nationalen Aufsichtssystemen ausgeschieden ist.

Dies hat sich nicht naturwüchsig, unbeabsichtigt entwickelt, sondern war Bestandteil einer gezielten Strategie, die am Ende in einer der eindrucksvollsten Kapitulationserklärungen, die es in der Wirtschaftsgeschichte der Menschheit bisher gegeben hat, ihren Höhepunkt fand: Die Banken haben sich wechselseitig das Misstrauen erklärt.

Da liegt die erste wichtige Einsicht, von der ich sehr hoffe und auch erwarte, dass sie sich über die Schockerfahrung der Finanz- und Wirtschaftskrise hinweg bewahren und umsetzen lässt: Das ist die Einsicht, dass eben nicht dann der Gipfel der ökonomischen Leistungsfähigkeit erreicht ist, wenn der letzte Rest staatlichen oder politischen Einflusses erfolgreich eliminiert ist, sondern dass die Märkte Rahmenbedingungen brauchen, dass die Wirtschaft nicht ohne und nicht gegen staatliche Regelungen erfolgreich operieren kann.

Eine selbstkritische Betrachtung kann allerdings nicht übersehen, dass in keiner anderen Branche unserer Volkswirtschaft ein vergleichbarer Ehrgeiz zu erkennen war, staatliche Regelungen bis auf ein Minimum zurückzuführen und ihnen dort, wo sie vorhanden sind, erfolgreich auszuweichen – mit einem desaströsen Zwischenergebnis, das überhaupt nur dadurch zu lindern war, dass der Staat in seiner Zuständigkeit wiederentdeckt und als letzter Notanker angerufen wurde.

Ich rate dringend dazu, sich mit Wirkungszusammenhängen auseinanderzusetzen, die zwischen der betriebswirtschaftlichen Rationalität vieler Entscheidungen und ihren ungewollten politischen Wirkungen eine zunehmend größere Diskrepanz entstehen lassen, die am Ende die Aufrechterhaltung der Ordnung gefährdet, in der überhaupt solche Zusammenhänge im wörtlichen und übertragenen Sinne „gemanagt" werden können. Ich verkenne nicht, dass es sowohl in vielen Unternehmen wie in den Verbänden eine Reihe von bemerkenswerten Bemühungen gibt, diesem Problem, diesen Entwicklungen zu Leibe zu rücken. Dazu gehört ganz sicher auch der Versuch, über einen „Corporate-Governance-Kodex" unterhalb von gesetzlichen Regelungen Ansprüche zu formulieren, von denen man – mit gesundem Menschenverstand – vermuten könnte, dass sie der Glaubwürdigkeit und damit der Akzeptanz von Unternehmen und von Systemen behilflich sind. Aber es lässt sich nicht übersehen, dass die Popularität dieses Kodexes in der deutschen Wirtschaft dort am höchsten war, wo er eher folgenlos blieb und umgekehrt die Zögerlichkeit beziehungsweise Verweigerung prompt an den Stellen am ausgeprägtesten war, an denen die daraus hergeleiteten Verpflichtungen lagen und handfest wurden: bei der Offenlegung der individuellen Gehälter sowie den großzügigen Abfindungen und den eher bescheidenen Haftungsregelungen für Manager. Da bleibt noch manches zu tun.

„Freiheit, die sozialökonomisch oder politisch nicht in ein umfassendes Ordnungssystem eingespannt und damit gebändigt ist, oder auch Freiheit, die um keine moralische Bindung weiß, wird immer im Chaotischen entarten", hat Ludwig Erhard schon gewusst. Wir hätten zur Chaostheorie völlig neue empirische Befunde sammeln können, wenn es zur Bekämpfung der Finanz- und Wirtschaftskrise 2009 nicht rechtzeitig die politische Intervention gegeben hätte, die der mit Abstand größere Teil der unmittelbar verantwortlichen Finanzakrobaten mit großem Fleiß jahrelang für ausdrücklich unerwünscht gehalten hat.

Inzwischen gibt es die hoffentlich stabile Einsicht, dass Märkte, dass auch und gerade Wettbewerbssysteme Rahmenbedingungen brauchen und deswegen eine sinnvolle Zuordnung von politischen und ökonomischen Kompetenzen eine unverzichtbare Voraussetzung für die Funktionsfähigkeit einer Wettbewerbswirtschaft ist. Nicht zu übersehen ist aber auch die Versuchung, von einer Übertreibung in die nächste zu fallen und nun wieder alles Heil in stärkerem staatlichen Einfluss und einem größeren Umfang an Regulierung zu suchen. Die zweite Übertreibung ist nicht besser als die erste. Es geht zum ersten Mal in der Geschichte der Menschheit darum, im globalen Maßstab belastbare Rahmenbedingungen zu vereinbaren und durchzusetzen, ohne die eine Wiederholung dessen, was die Weltwirtschaft an den Rand des Abgrunds geführt hat, gewiss nicht ausgeschlossen werden könnte.

Dass im Übrigen jemand mit der Reputation und dem operativen Gewicht von Alan Greenspan in einer Anhörung des amerikanischen Kongresses zur Bankenkrise ausdrücklich zu Protokoll gibt, er habe sich in seiner Einschätzung der Selbstheilungskräfte des Marktes gründlich geirrt und müsse eine Korrektur seiner eigenen „ideologischen Vorstellungen von Marktwirtschaft" vornehmen, würde ich mir in der Kategorie der nachhaltigen Einsichten wünschen, die es hoffentlich nicht nur in der amerikanischen Administration, sondern auch in der Europäischen Gemeinschaft und im Konzert der großen Volkswirtschaften dieser Welt gibt.

Dass es so gekommen ist, wie es gekommen ist, hat mit Fehlentwicklungen und Versäumnissen sowohl in der Wirtschaft als auch in der Politik zu tun. Die Einsicht, dass beide für die Zukunft daraus Konsequenzen ziehen müssen, ist mit Abstand wichtiger als die Frage, wer von beiden mehr Verantwortung dafür hat oder rechtzeitiger diese oder jene Fehlentwicklung vielleicht hätte vermeiden können.

Peter Sloterdijk hat in seinem Buch „Im Weltinnenraum des Kapitals" folgenden denkwürdigen Satz formuliert: „Die Haupt-

161

tatsache der Neuzeit ist nicht, dass die Erde um die Sonne, sondern dass das Geld um die Erde läuft." Er hat nicht von der „Hauptsache", sondern von der „Haupttatsache" gesprochen – und aus guten Gründen das eine vom anderen unterschieden. Es empfiehlt sich sehr, dies im Gedächtnis zu behalten.

Für andere Systeme mag gelten, dass sie jedenfalls über eine gewisse Zeit auch ohne Vertrauen funktionieren. Für Demokratie und Wettbewerbssysteme gilt das genaue Gegenteil. Sie haben so lange Bestand, wie eine stabile Mehrheit der in der Regel nicht unmittelbar beteiligten Menschen den Eindruck hat, dass es im Großen und Ganzen fair und gerecht zugeht. Und wenn sie diesen Eindruck verlieren, warum auch immer, dann ist das der unauffällige Anfang eines absehbaren Endes.

XVII. Die Freiheit ist stark. Aber ist sie auch sicher?

Vom Umgang der Politik mit dem Terrorismus

„Der Preis der Freiheit und der Sicherheit" war 2007 eine Veröffentlichung der monatlichen Umfragedaten des Instituts für
Demoskopie Allensbach übertitelt. Danach verspürte die Bevölkerung in Deutschland keine akute Gefährdung durch den
Terrorismus. Doch habe erkennbar die Sorge zugenommen,
dass der Kampf gegen Kriminalität und Terrorismus einen hohen Preis haben könnte. Das Misstrauen wachse, dass der Staat
von der gezielten Überwachung Verdächtiger zu einer weiter
ausgreifenden Kontrolle aller Bürger übergehen könnte. Die
Sorge, der Kampf gegen den Terror werde die Gesellschaft weniger frei machen, hat zugenommen; sie wird von fast genauso
vielen Befragten geteilt wie für unbegründet gehalten.

Wie stark ist die Freiheit?

Die Organisation, die sich als Rote Armee Fraktion bezeichnet
hat, war weder eine Armee noch eine Fraktion. Rot war die Blut-
spur brutaler rücksichtsloser Gewalt, die sie hinterlassen hat: Es
sind 36 Menschen, die in dem Zeitraum vom 22. Oktober 1971
bis 27. Juni 1993 durch die RAF umgebracht worden sind.

Die Opfer der RAF hatten manches gemeinsam, waren aber
sehr unterschiedliche Menschen. Sie hatten sehr unterschiedliche Aufgaben und Funktionen – einige standen wegen ihrer
Berufe besonders im Licht der Öffentlichkeit –, sie waren unterschiedlich alt, hatten unterschiedliche Biografien und unterschiedliche Interessen. Allen gemeinsam war aber, dass sie als
Menschen mitten im Leben standen – nicht nur als Polizisten,
als Richter, als Piloten, als Diplomaten, als Bankier oder Mana-

ger, sondern auch als Söhne, als Brüder, als Ehegatten, als Vater, Mutter und Onkel. Und dass sie von Terroristen gewaltsam und grausam aus ihren Leben, aus ihren Familien und aus unserer Mitte gerissen wurden. Opfer des Terrors der RAF sind nicht nur die 36 Menschen, die ermordet wurden. Opfer dieser terroristischen Gewalt sind auch ihre Angehörigen. Die Angehörigen haben nicht nur den Tod eines geliebten Menschen erleiden und ihr Leben ohne ihn verbringen müssen. Sie haben auch miterleben müssen, wie Täter nach Verbüßung ihrer Haftzeit in die Freiheit entlassen wurden und darauf bestanden – übrigens regelmäßig unter ausdrücklicher Anrufung des Rechtsstaates, den sie bekämpft hatten –, nicht mehr als Mörder oder Terrorist bezeichnet zu werden, sondern allenfalls als Ex-Terrorist. So richtig es ist, die Regeln unseres Rechtsstaates auch seinen schärfsten Feinden nicht zu verweigern, so wichtig ist es auch, in diesem Zusammenhang daran zu erinnern, dass die Opfer der RAF diese Chance nicht haben. Ex-Opfer gibt es nicht.

Ein wegen Entführung und Mord zu zweimal lebenslanger Haftstrafe verurteilter, durch Begnadigung vorzeitig entlassener Terrorist hat 2007 in einem Interview erklärt, die Entführung des damaligen Arbeitgeberpräsidenten Hanns Martin Schleyer im Herbst 1977 sei „aus heutiger Sicht richtig" gewesen, allerdings habe die RAF aus diesem „Politikum … einfach zu wenig gemacht". Mit diesem unglaublichen, menschenverachtenden Zynismus hat er nicht nur seine Begnadigung als Fehlentscheidung offenbart, sondern zugleich klar gemacht, dass auch 30 Jahre nach den schrecklichen Ereignissen der RAF-Terrorismus nicht bewältigt ist. Er hat in manchen Köpfen offenbar überlebt.

Die Angehörigen haben auch miterleben müssen, dass ihr Schicksal in unserer Gesellschaft nicht immer mit dem gebotenen Respekt behandelt wurde – und wird.

An diesem Respekt mangelt es aus meiner Sicht, wenn zum Beispiel das Bild des gefangenen Wirtschaftsführers geradezu als Logo von Zeitungsserien über die RAF verwendet wird. Ein Bild, das die RAF bewusst in Szene gesetzt hat. Die demonstrative Demütigung eines verhassten, zum exemplarischen Feindbild erklärten Managers wird gewissermaßen posthum fortgesetzt: Ein Markenzeichen nicht nur der RAF, sondern ein Symbol der Gedankenlosigkeit der Öffentlichkeit im Umgang mit Bildern und mit Menschen.

An Respekt für die Angehörigen mangelt es auch, wenn das öffentliche Interesse in den Jahren und Jahrzehnten nach der Tat vor allem den Tätern und ihrer Lebensgeschichte galt und gilt, nicht den Opfern und ihren Angehörigen. Leben und Sterben von Terroristen wurde in Filmen, Theaterstücken und Romanen beschrieben, analysiert, erklärt, gelegentlich verklärt und sogar heroisiert. Den Tätern gab und gibt man die Gelegenheit, sich in Autobiografien, Interviews und Talkshows zu erklären, sogar als Berater von Filmen zu dienen, die staatlich bezuschusst werden.

Am Tage der Beisetzung Hanns Martin Schleyers hatte im Stuttgarter Staatstheater ein „Elvis Memorial" für die verstorbene Rock-'n'-Roll-Legende Premiere. Als 30 Jahre später ein bekannter deutscher Entertainer am gleichen Theater im Rahmen der von ihm sogenannten „RAF-Festspiele" eine Neuauflage produzierte – unter dem Jubel des Publikums –, war das zweifellos von der Freiheit der Kunst gedeckt. Und selbstverständlich erlaubte es die Pressefreiheit, dass das Feuilleton einer großen deutschen Tageszeitung befand, dies sei „ein politischer Abend" gewesen, „weil er die befreiende Kraft kluger Unterhaltung gegen die bleierne Zeit ausspielt, die sich in jenen Tagen erdrückend über das Land gelegt hat". Aber es ist zugleich ein Beleg dafür, dass die Freiheit eine unaufgebbare Errungenschaft und dennoch manchmal von einer schieren Zumutung kaum zu unterscheiden ist.

An Respekt für die Angehörigen wie an menschlichem Anstand mangelt es schließlich ebenso, wenn die Täter ihnen und uns, den direkt wie den indirekt Betroffenen, ihr Wissen um die Taten vorenthalten. Noch immer sind viele der Morde der RAF nicht aufgeklärt, bei anderen ist der konkrete Tatablauf im Dunkeln geblieben. Erklärt haben sich die Terroristen stets nur kollektiv; noch heute lehnen es viele von ihnen ab, individuelle Schuld zu gestehen. Juristisch mag es keinen Anspruch darauf geben, die Wahrheit von den Tätern zu erfahren. Moralisch gibt es ihn – jedenfalls auf Seiten der Angehörigen, die die Wahrheit kennen wollen. Es ist im Übrigen „entlarvend, dass ausgerechnet jene stumm bleiben, die ihren Eltern vorgeworfen haben, sich nicht mit der eigenen Biografie im Nationalsozialismus auseinandergesetzt zu haben" (Martin Knobbe), und dies mit missionarischem Eifer immer wieder als Motiv ihres Hasses auf den von der Generation ihrer Eltern begründeten neuen deutschen Staat ausgegeben haben.

Die Schicksale der Opfer und ihrer Angehörigen sind erst seit Kurzem in den Blick genommen worden. „Für die RAF war er das System, für mich der Vater", heißt das Buch der jungen Politikwissenschaftlerin Anne Siemens, geboren 1974, das „die andere Geschichte des deutschen Terrorismus" beschreibt und auf ein großes Echo gestoßen ist. Es gibt offensichtlich Anlass, auch über unser eigenes Verhältnis zu den Opfern und ihren Angehörigen nachzudenken. Nachdenken müssen wir auch über den Umstand, dass der Terror und die Opfer der RAF allzu oft auf das Jahr 1977 reduziert werden. Weder hat die Ermordung unschuldiger Menschen damals begonnen, noch war die Herausforderung des demokratischen Rechtsstaates damals bewältigt. Die Opfer dürfen nicht vergessen werden – und die Gefährdungen unseres Staates und unseres Zusammenlebens auch nicht. Beides könnte durch eine Gedenktafel in der Hauptstadt, am Sitz von Parlament und Regierung, zum Ausdruck kommen.

Das Gedenken der Opfer muss uns Anlass sein, der Frage nach den Ursachen wie den Folgen der Gewalt nachzugehen. Sie darf nicht jenen überlassen werden, die immer noch verbreiten, es habe sich bei den terroristischen Aktivitäten im Grunde um Politik gehandelt, eine besonders verwegene zwar, aber eben um „Widerstand", dessen Motive durchaus legitim gewesen seien.

Die Antwort auf die Frage nach den Ursachen müssen wir selber geben. Wir müssen fragen, wie es dazu kommen konnte, dass Ende der 60er und Anfang der 70er Jahre nicht nur die Terroristen selbst, sondern auch viele andere junge Menschen die Bundesrepublik Deutschland als einen Staat empfunden haben, den es zu bekämpfen galt, und mit einer terroristischen Vereinigung sympathisiert haben, wie dies vor allem, aber keineswegs nur in der studentischen Szene geschah.

Die Bundesrepublik Deutschland war zu Beginn der 70er Jahre ein längst gefestigter, international anerkannter Rechtsstaat, der Demokratie und der Freiheit verpflichtet, mehr als anderswo auch dem sozialen Ausgleich als staatlicher Aufgabe verbunden. Deutschland war eine Volkswirtschaft, in der Vollbeschäftigung herrschte, die immer mehr Menschen die Möglichkeit eröffnete, am wirtschaftlichen Wachstum teilzuhaben. Ein Staat, der neue Wege suchte, den Kalten Krieg zu überwinden, mit einem Bildungssystem, das Studierenden auch im Vergleich zu heute hervorragende Studienbedingungen und glänzende Berufsaussichten bot. Eine Gesellschaft, die sich mehr und mehr öffnete, die sich immer intensiver mit ihrer schwierigen Vergangenheit auseinandersetzte, die sich politisch ausdifferenzierte und modernisierte.

1977, im Zeitraum jener blutigen Monate, die viele ebenso unhistorisch wie beschönigend als „deutschen Herbst" be-

zeichnen, war die Bundesrepublik ganz gewiss kein Unrechts-
staat – ebenso wenig wie in den Jahren davor und danach.
Diesen Staat zu hassen, gab es keinen Anlass, und es gab
kein Recht, ihn gewaltsam zu bekämpfen. Das hat auch der
ganz überwiegende Teil der Menschen in Deutschland immer
so empfunden. Auch die meisten Anhänger der Protestbewegung der sogenannten 68er haben sich von der Gewalt distan-
ziert – je länger die Ereignisse zurückliegen, desto lauter. Nicht
wenige – man muss auch sagen: viel zu viele – haben dies damals aber nicht getan, sondern zum Teil mit „klammheimli-
cher Freude" mit einem Terror sympathisiert, den sie als „be-
waffneten Widerstand" bezeichnet haben. 17,5 Prozent der
Interviewten sollen nach einer INFAS-Umfrage 1971 erklärt
haben, gegebenenfalls Mitglieder der RAF zu unterstützen,
und nicht wenige haben es getan – auch im Bewusstsein der
Strafbarkeit solcher Hilfe. Damals galt es weithin als politisch
korrekt, von der „Baader-Meinhof-Gruppe" zu sprechen. Sie
als kriminelle Bande zu bezeichnen, wurde in fragwürdiger
Selbstverstümmelung des eigenen Urteilsvermögens in der Regel sorgfältig vermieden. „Je größer die Distanz wurde, desto
klarer wurde die Sicht: Die RAF war eine sinnlose Killertruppe,
mehr nicht", so schreibt der junge Stern-Redakteur Martin
Knobbe, der die Ereignisse nur aus Filmen kennt und der „die
Geschichte einer Entfremdung" seiner Generation unter anderem mit dem klugen Hinweis erläutert, „es mag der 11. September 2001 gewesen sein, der auch dem vergangenen Terror
jeden Rest an Verklärung genommen hat".

Es ist erstaunlich, wie wenig wir lange Zeit aus der Wissenschaft und Publizistik über die Vorstufen des Terrorismus erfahren haben, die letztlich zur RAF führten. Nur einige Wissenschaftler der neueren zeitgeschichtlichen Forschung gehen
gründlich der Entstehungsgeschichte des Terrorismus nach.
Wichtig ist festzuhalten: Der bundesdeutsche Terrorismus ent-

stand nicht durch Aktivitäten von Randfiguren der einstigen „Außerparlamentarischen Opposition" (APO), war also kein spätes Zerfallsprodukt aus den Ausläufern der APO, sondern der sogenannte „bewaffnete Aufstand" und das „Stadtguerilla-Konzept" waren schon sehr früh, Mitte der 60er Jahre, im Zentrum der APO diskutiert worden.

In der neueren sozialwissenschaftlichen Literatur wird immer häufiger eine recht eindeutige Antwort auf die Frage gegeben, über die lange erbittert gestritten worden ist: den Zusammenhang zwischen der akademischen Protestbewegung und der Gewalt der RAF. Die Frage ist leichter zu stellen als sorgfältig zu beantworten, aber verdrängt werden darf auch diese Einsicht nicht, dass die Entstehung der RAF ohne ein Umfeld, das sie legitimierte oder zumindest billigte, kaum möglich und gewiss nicht so folgenreich gewesen wäre. Der Terror der RAF ist sicher nicht die Folge einer fehlenden Aufarbeitung der nationalsozialistischen Vergangenheit, eher schon die Folge einer verhängnisvollen Romantisierung von Revolution und Gewalt, die damals längst und weit über die RAF hinaus verbreitet war. In diesem Zusammenhang hat Jürgen Habermas das später vielzitierte Wort vom „linken Faschismus" gefunden und die absehbaren Folgen einer hemmungslosen „Gewaltrhetorik" beschworen.

Die immer wieder aufgestellte Behauptung, erst und nur die Protestbewegung habe Deutschland zu einem liberalen, lebenswerten Land gemacht, ist anmaßend und muss vielen bitter aufstoßen – übrigens nicht nur Angehörigen der Opfer. Die Journalistin Bettina Röhl, eine Tochter von Ulrike Meinhof, meint, es sei an der Zeit für eine andere Betrachtungsweise. Sie stellt die Frage, ob die Bundesrepublik ohne diese Bewegung heute nicht in mancherlei Hinsicht besser dastünde als mit ihr. Auch diese Überlegung ist sicher spekulativ, aber gewiss nicht weniger legitim als die gegenteilige Behauptung.

„Wer alt genug ist, diese Zeit bewusst erlebt zu haben, wird sie den Heutigen kaum erklären können. Mir selber kommen die Sechziger und Siebziger ferner, unverständlicher vor als das alte Rom", hat 2007 ein Journalist geschrieben, der wie viele seiner Kollegen heute manches klarer sieht, jedenfalls anders beurteilt als damals. 30, 40 Jahre danach ist es an der Zeit, zu verstehen, was geschehen ist, nicht um alte Wunden wieder aufzureißen, sondern um zu einem gemeinsamen Verständnis dieser bitteren Episode der jüngeren Geschichte zu kommen und die Lektionen zu begreifen, die sich daraus auch für die Zukunft ergeben.

Zu den nachhaltigen Erfahrungen der damaligen Herausforderung gehört, dass auch und gerade der demokratische Staat auf geeignete Mittel der Bekämpfung von Gewalt und Terror zum Schutz des Rechtsstaates weder verzichten kann noch verzichten darf, aber auch, dass er nicht jede denkbare Herausforderung vorab erkennen und mit dafür vorher bestimmten Maßnahmen überzeugend absichern kann. Die Bereitschaft, in außergewöhnlichen Situationen verantwortungsvoll zu handeln, bleibt eine unverzichtbare Anforderung an die Wahrnehmung insbesondere staatlicher Ämter.

Nach der Definition Hannah Arendts ist Totalitarismus die Verbindung von Ideologie und Terror. Die RAF war in diesem Sinne exemplarisch totalitär. Niemand darf Illusionen darüber haben, wie dieser Staat und diese Gesellschaft heute aussähen, wenn sie mit ihren monströsen Absichten erfolgreich gewesen wäre. Und dabei ist beinahe unerheblich, ob gewaltsamer, ideologischer Fundamentalismus mit einer politischen oder religiösen Motivation oder Fassade auftritt, so wie heute jene Dschihadisten, die Gewalt im Kampf gegen sogenannte Ungläubige religiös legitimieren wollen. Wir haben erschrocken feststellen müssen, dass diese auch mitten unter uns leben – es sind, wie die Terroristen der RAF, junge Menschen aus bürgerlichen Elternhäusern, die, wie die Terroristen der RAF, vor allem die USA und den Staat Israel als Feinde ansehen und die, wie die Terroristen der RAF, in ausländischen Terrorcamps ihr mörderisches Handwerk lernen und von autoritären oder totalitären Staaten unterstützt werden, wie seinerzeit von der DDR, deren unrühmliche, heimliche wie unheimliche Kooperation mit RAF-Terroristen nicht das letzte Beispiel dafür ist, sondern sich heute leider immer noch überall auf der Welt in ähnlichen Mustern fortsetzt.

Der Terror der RAF hat den Rechtsstaat Bundesrepublik Deutschland bis an seine Grenzen belastet, aber nicht aus seinen Angeln gehoben. Er hat die führenden Politiker der Regierung wie der Opposition vor unausweichliche Entscheidungen gestellt, die sie nicht treffen konnten, ohne Schuld auf sich zu laden, wie der damalige Bundeskanzler Helmut Schmidt in einem Interview gewiss nicht nur für sich erläuterte. Aber für die gegenteiligen Entscheidungen, soweit sie überhaupt möglich gewesen wären, gilt dies nicht weniger. Schließlich haben Staat und Gesellschaft diese Belastungsprobe bestanden, ohne dabei selbst die Freiheit zu gefährden, gegen die der Terror gerichtet ist.

Die Freiheit ist stärker geblieben. Dass es so gewesen ist, verdanken wir denen, die damals ebenso bedacht wie entschlossen gehandelt haben. Dass es so bleibt, sind wir den Opfern und ihren Angehörigen schuldig.

XVIII. Freundschaften sind ein Geschenk, auf das es keinen Anspruch gibt
Frankreich, Polen und Israel

Die Geschichte Deutschlands und des europäischen Kontinents ist über Jahrhunderte hinweg keine Geschichte des Friedens, der Freundschaft und der Völkerverständigung gewesen. Das Europa des 19. und der ersten Hälfte des 20. Jahrhunderts mit jungen, ehrgeizigen Nationalstaaten, die ihre jeweiligen Interessen nicht miteinander, sondern gegeneinander entwickelt haben, ist ein dramatisches Beispiel für die Ausweglosigkeit, in die nationale Rivalitäten und schließlich ein hemmungsloser Nationalismus führen. Europa ist aber auch ein Beispiel dafür, dass Grenzen, Feindbilder und Vorbehalte überwunden werden können, dass aus Feinden Freunde und Partner werden können. Besonders deutlich wird das am Verhältnis Deutschlands zu seinen beiden großen Nachbarstaaten im Westen und im Osten, Frankreich und Polen, und im Verhältnis zu Israel, einem Staat, den ich als virtuellen Nachbarn Deutschlands empfinde.

Frankreich

Die „Erbfeindschaft" zwischen Deutschland und Frankreich, die Kriege gegeneinander geführt, Territorien gewonnen und verloren, ihre Wirtschaft für gegenseitige Zerstörung statt für gemeinsamen Aufbau strapaziert haben, hat über Generationen hinweg Millionen Menschen ihre Heimat, ihr Vermögen und ihr Leben gekostet und eine Befriedung des Kontinents verhindert.

Die Gründung des deutschen Nationalstaates ist auf französischem Boden vollzogen worden, unter demonstrativer Demütigung des stärksten Rivalen und größten Nachbarn. Nach dem Ersten Weltkrieg, der nicht zuletzt dieser Vorgeschichte geschuldet war, hatten sich die Kräfteverhältnisse umgekehrt und Wiedergutmachungsansprüche auch.

Am Ende des Zweiten Weltkrieges war Deutschland politisch, militärisch, ökonomisch und moralisch zerstört, und auch Frankreich, „Siegermacht" wie Großbritannien, die USA und die Sowjetunion, war durch die Kriege und jahrzehntelange Überanspannungen seiner Kräfte ausgeblutet.

Aus den bitteren Einsichten dieser gemeinsamen Erfahrungen ist in den 50er und 60er Jahren der Aufbruch in eine neue, gemeinsame Zukunft gelungen, der heute weltweit als Beispiel für Versöhnung und Partnerschaft gilt.

Die Kehrtwende in den gegenseitigen Beziehungen geschah nicht von selbst. Sie war vor allem das Ergebnis der Initiative der beiden damals verantwortlichen Staats- und Regierungschefs in Frankreich und Deutschland, Charles de Gaulle und Konrad Adenauer. Sie hatten beide Weltkriege persönlich erlebt. Sie wussten, was die beiden Länder sich gegenseitig angetan haben. Sie waren bereit und entschlossen, ein für alle Mal ein Ende zu machen mit der Rivalität, dem Hass, der „Erbfeindschaft". Und sie lernten sich, über manche Vorurteile hinweg, persönlich schätzen. So schrieb Adenauer in seinen Erinnerungen: „De Gaulle entsprach in keiner Weise den Auffassungen, die man in den vergangenen Monaten aus der Lektüre der Presse erhalten musste. Er war ein völlig anderer Mann, als ihn unsere Presse, aber nicht nur unsere Presse, dargestellt hatte. Persönlich wirkte er sehr frisch. Als Politiker gewann ich aus den Unterredungen nicht den Eindruck eines Nationalisten, als der er stets abgestempelt wurde."

Adenauer und de Gaulle haben fünf Jahre zusammengearbeitet, 100 Briefe geschrieben, sich 40-mal gesehen und insgesamt 100 Stunden miteinander verbracht. Anlässlich der denkwürdigen Begegnung der beiden Staatsmänner 1962 in der Kathedrale von Reims, der Krönungskirche der französischen Monarchen, haben sie ihre Überlegungen und Überzeugungen formuliert. Konrad Adenauer sagte damals: „Wir sind überzeugt davon, dass die Gefahren, die diese Lage in der Welt mit sich bringt, nur dann überwunden werden können, wenn die freien Völker einig und geschlossen sind. Das gilt in besonderem Maße von den beiden Völkern, die als Nachbarn im Herzen Europas liegen, von Frankreich und Deutschland. ... Wenn unsere beiden Völker, das französische und das deutsche Volk, nicht zusammenarbeiten, wenn sie nicht zusammenarbeiten in enger Gemeinschaft, in vollem Vertrauen zueinander, in Verbundenheit und Freundschaft, wird es keinen Frieden geben, weder für Frankreich und Deutschland, noch für Europa, noch für die Welt."

Und General de Gaulle kündigte damals an: „Deutschland und Frankreich schließen sich zusammen, um nur Diener zu sein der Freiheit, dem Gedeihen der Brüderlichkeit untereinander, und also zwischen den westlichen Staaten unseres Kontinents und in der freien Welt zu beiden Küsten des Atlantiks, dann vielleicht eines Tages in ganz Europa und dadurch zum Nutzen aller Menschen" – so die etwas holprige Übersetzung im Bulletin der Bundesregierung.

Deutschland und Frankreich ließen diese Einsichten und Absichten Wirklichkeit werden. Die Geschichte der Beziehungen unserer beiden Länder übermittelt uns zwei Botschaften: Versöhnung ist nötig. Versöhnung ist möglich.

Der Elysée-Vertrag bildete 1963 den politischen Schlussakt eines Versöhnungsprozesses, den nach dem Zweiten Weltkrieg maßgeblich Akteure der Zivilgesellschaft geebnet hatten. Herausragend waren dabei auf französischer Seite Joseph Rovan und Alfred Grosser, der sie beispielhaft bis heute repräsentiert, auf deutscher Seite Carlo Schmid und Theodor Heuss. Bereits 1948 wurde in Ludwigsburg unter dem Motto „Verständigung mit Frankreich auf allen Gebieten des öffentlichen und geistigen Lebens" das Deutsch-Französische Institut gegründet. Bei der Aussöhnung waren die Städte und Kommunen Vorreiter: Im September 1950 vereinbarten Ludwigsburg und Montbéliard die erste deutsch-französische Städtepartnerschaft nach dem Krieg, ein Vorbild, dem viele folgten. Heute gibt es mehr als 2200 deutsch-französische Partnerschaften von Städten, Gemeinden und Regionen.

Im Vertrag zwischen der Bundesrepublik Deutschland und der Französischen Republik über die deutsch-französische Zusammenarbeit verpflichteten sich am 22. Januar 1963 beide Regierungen zu ständiger Konsultation und zu regelmäßigen Treffen. Hier sollen alle wichtigen Fragen der Außen-, Wirtschafts-, Verteidigungs- und Kulturpolitik beraten werden. Auch ein verstärkter gegenseitiger Jugendaustausch wurde beschlossen.

Unumstritten war das Verhandlungsergebnis damals freilich nicht. Der Vertrag wurde zwar am 16. Mai im Deutschen Bundestag mit überwältigender Mehrheit ratifiziert, allerdings nur mit einer Präambel, die die bisherigen Grundsätze westdeutscher Außenpolitik bekräftigte und ein Zugeständnis an das „atlantische Lager" darstellte. De Gaulle brachte seine Enttäuschung darüber bei seinem ersten Staatsbesuch in Deutschland nach der Vertragsunterzeichnung, im Juli 1963, in einem inzwischen häufig zitierten Satz über die Dauer von Verträgen zum Ausdruck: „Les traités sont comme les roses et les jeunes filles, ils ne durent qu'un matin" – „Verträge sind wie Rosen und junge Mädchen: Sie blühen nur einen Morgen." Adenauer griff diese Worte auf und erwiderte: „Rosen und junge Mädchen, natürlich haben sie ihre Zeit; aber die Rose – und davon verstehe ich nun wirklich etwas ... – ist die ausdauerndste Pflanze, die wir überhaupt haben – sie hält jeden Winter durch."

Heute ist die deutsch-französische Zusammenarbeit zu einer ganz selbstverständlichen, verlässlichen Grundlage des europäischen Integrationsprozesses geworden, an dem zunächst sechs, dann zehn, 15, 25 und inzwischen 27 europäische Länder beteiligt sind. Frankreich ist Deutschlands engster und wichtigster politischer Partner in Europa. Aus den Aussöhnungsbemühungen der Nachkriegsjahrzehnte haben sich ungewöhnlich vielfältige und intensive Formen der Zusammenarbeit entwickelt. Mit keinem anderen Land gibt es eine so regelmäßige und intensive Abstimmung auf allen Gebieten. Mit den deutsch-französischen Ministerräten wurde der bilaterale Abstimmungsprozess institutionalisiert.

Symbolisch zeigt sich die herausragende Bedeutung der deutsch-französischen Beziehungen darin, dass der erste Auslandsbesuch deutscher Bundeskanzler und französischer Staatspräsidenten traditionell jeweils nach Paris bzw. Berlin führt, in der Regel noch am Tag der Amtsübernahme.

Bei den jährlichen Feierlichkeiten in Paris aus Anlass des Waffenstillstandes des Ersten Weltkrieges war 2009 erstmals die deutsche Kanzlerin eingeladen. Ihre Einladung bekräftigte die große Geste der Versöhnung zwischen François Mitterand und Helmut Kohl über den Gräbern von Verdun.

Besonders eng sind auch die Beziehungen auf parlamentarischer Ebene. Sie sind sogar älter als die formalisierten Regierungskontakte. Seit 1959 gibt es bilaterale Parlamentariergruppen im Deutschen Bundestag und in der französischen Nationalversammlung. Es hat sich im Laufe der Jahre ein breites Geflecht an Arbeitsbeziehungen und persönlichen Kontakten entwickelt. Dazu zählen

- jährliche Treffen der Präsidien des Bundestages und der Nationalversammlung;
- gemeinsame Arbeitssitzungen der Auswärtigen Ausschüsse;
- das jährliche Parlamentarier-Kolloquium „Paris-Berlin";
- Austauschprogramme für Mitarbeiter der beiden Parlamente und Kurz-Hospitationen von Abgeordneten beider Länder bei ihren jeweiligen Kollegen. Manche dieser Stipendien und Programme sind Muster späterer Vereinbarungen mit anderen Ländern geworden.
- Zum 40. Jahrestag des Elysée-Vertrages im Jahre 2003 kamen Assemblée nationale und Deutscher Bundestag zu einer gemeinsamen Sitzung in Versailles zusammen. Diese beispiellose Veranstaltung an historischer Stätte hat in manchen deutschen Medien nicht die Würdigung gefunden, die eine weltweit beispielhafte Zuammenarbeit zwischen zwei wichtigen Ländern verdient.

Die alten wie die neuen Erfahrungen Deutschlands und Frankreichs demonstrieren: Wenn aus Rivalität Zusammenarbeit und aus Feindschaft Freundschaft wird, verändert sich die Welt – zwischen den beiden Ländern und schließlich in der gesamten Region.

Polen

Der bemerkenswerte Aussöhnungsprozess, den es zwischen Frankreich und Deutschland gegeben hat, ist auch zwischen Polen und Deutschland nötig und möglich. Das ist im einen wie dem anderen Fall nicht allein durch symbolische Gesten zu erreichen, sondern erfordert in den Beziehungen zum östlichen wie zum westlichen Nachbarn kontinuierliche Anstrengungen und einen vertrauensvollen Dialog. Wesentliche Voraussetzung ist die Bereitschaft zur Offenheit gegenüber der Geschichte und den konkreten Erfahrungen der Menschen,

177

die Raum lässt für individuelles Erleben und persönliche Erinnerung. So wie die Identität einer Person ganz wesentlich von Herkunft und Erfahrungen bestimmt ist, so gilt auch für Länder, Völker und Nationen, dass die Gegenwart nicht ohne die Vergangenheit zu erklären und die Zukunft ohne das Bewusstsein damit verbundener Erfahrungen nicht zu bewältigen ist. Die beiden Parlamente haben dafür eine besondere Verantwortung und nehmen sie längst wahr. Die Beziehungen zwischen Sejm und Deutschem Bundestag sind bereits seit Jahren mindestens so gut, intensiv und lebendig wie die Beziehungen zwischen den Regierungen. Und sie werden kontinuierlich ausgebaut. Die Präsidien tagen regelmäßig gemeinsam. Trilaterale Sitzungen der Parlamentspräsidien aus Frankreich, Polen und Deutschland markieren den Beginn einer parlamentarischen Zusammenarbeit, die die Regierungen der beteiligten Staaten im Rahmen des „Weimarer Dreiecks" schon seit mehr als einhalb Jahrzehnten praktizieren. Daneben pflegen wir eine Vielzahl von Kontakten zwischen einzelnen Abgeordneten, Ausschüssen und Parlamentariergruppen. Die beiden Parlamente ermöglichen auch längst einen regen Austausch auf Ebene der Mitarbeiter und geben jährlich Studenten durch ein Stipendium einen authentischen Einblick in die Arbeitsweise der beiden Parlamente und ihrer Mitglieder.

Deutsche und Polen gehören einer Europäischen Gemeinschaft an, die nicht zuletzt auf christlichen Werten gründet. Nehmen wir den damit verbundenen Anspruch ernst und begreifen wir das gemeinsame kulturelle Erbe nicht nur als eine historische oder soziale Reminiszenz, dann kann dies eine sehr tragfähige Basis für eine erfolgreiche Fortsetzung des gemeinsamen Weges von Polen und Deutschen sein. Denn Versöhnung, Verständigung und Wahrheit sind unverzichtbare Bestandteile eines toleranten Umgangs von Menschen und Völkern miteinander, der für die Sichtweise des jeweils anderen offen ist, in dem auch unbequeme Meinungen angehört und respektiert werden, der nicht aufrechnet und sich ehrlich um Verständigung bemüht.

Wer als Mitglied der Nachkriegsgeneration allerdings auch nur einen Hauch von Vorstellungskraft über Ereignisse besitzt, die er selber nicht erleben musste, darf sich keine Illusion über das Ausmaß der Anstrengung machen, die dabei zu leisten ist. Eine besondere Schwierigkeit besteht in der Diskrepanz zwischen den großen historischen Ereignissen und den scheinbar kleinen persönlichen Schicksalen, deren Summe aber überhaupt erst die großen Veränderungen ausmachen. Die Geschichte der Vertreibung in Europa ist dafür ein besonders gutes und zugleich sensibles Beispiel. Die historische Kausalität, der Zusammenhang zwischen Ursache und Wirkung liegt bei den großen Vertreibungen, die es in der europäischen Geschichte vor allem des 20. Jahrhunderts gegeben hat, regelmäßig klar zu Tage. Eine hinreichende Erklärung für das persönliche Vertreibungsschicksal ergibt sich daraus fast nie. Das macht den Umgang mit dem Thema persönlich wie politisch so schwierig, das Risiko von Missverständnissen und Verletzungen so hoch, und darf dennoch nicht zu dem scheinbar leichten Ausweg verleiten, Einzelschicksale verdrängen zu wollen, um für die großen Zusammenhänge und für das veränderte Verhältnis von Nachbarländern zueinander Irritationen zu vermeiden. Der Preis der Verdrängung ist Distanz – nicht die kühle Distanz des Historikers, der emotionslos Fakten und Ereignisse sortiert, sondern die emotionale Distanz von Betroffenen zu den Institutionen und Repräsentanten des eigenen wie des dauerhaft fremden Landes, das auf diese Weise nie zum gefühlten guten Nachbarn werden kann.

Deshalb ist Erinnerungskultur ebenso wichtig wie schwierig. Und deshalb ist sie auch eine staatliche Aufgabe. Menschen, die persönlich schuldlos Opfer politischer Entwicklungen, staatlich veranlasster Verirrungen oder Verbrechen geworden sind, haben einen Anspruch darauf, in ihrem Schmerz, mit ihrem Schicksal nicht allein gelassen zu werden. Darüber zu sprechen, sachlich und ohne gleich mit dem Vorwurf der Geschichtsumschreibung konfrontiert zu werden, fällt nach wie vor schwer, in Deutschland, aber auch bei unseren östlichen Nachbarn. Der ungarische Historiker Krisztián Ungváry hat dazu festgehalten: „Es fehlt bisher in Deutschland wie in Osteuropa eine Kultur, die es uns ermöglicht, über Opfer und Täter ohne Verdächtigungen zu sprechen. Die deutschen Debatten der letzten Jahre zeigen jedoch, dass es für die deutsche Gesellschaft ein zentrales Problem darstellt, eine Sprache zu finden, die Trauer über die eigenen Opfer ermöglicht. Diese Trauer kann nicht allein den Betroffenen überlassen werden, sie muss Teil der nationalen Erinnerungskultur werden. Wäre das in Deutschland möglich, könnte dies auch für andere Länder als Anregung dienen, die eigene Erinnerungskultur zu gestalten." Ungváry prognostiziert: „Solange in Deutschland kein Konsens über die eigene nationale Erinnerungskultur entsteht, wird das Land seine innere Sicherheit nicht zurückgewinnen."

Polen hat unter Rassenwahn und Zweitem Weltkrieg besonders zu leiden gehabt. Es ist richtig und wichtig, dass Polen sich der Opfer und ihres Leids erinnert. Leidvolle Erfahrungen haben aber auch Deutsche gemacht. Der Krieg, der von Deutschland angezettelt wurde, fiel auf die Deutschen zurück, darunter auch viele, die seine Folgen tragen mussten, ohne an seinen Ursachen beteiligt gewesen zu sein. Sie wurden aus ihrer Heimat vertrieben, ohne dass sie selbst persönliche Verantwortung für den mörderischen Krieg trugen. Mit zunehmendem zeitlichem Abstand ist in Deutschland das Bedürfnis gewachsen, an diese Zusammenhänge zu erinnern. Im Koalitionsvertrag haben sich die beiden großen Volksparteien 2005 deshalb ausdrücklich „zur gesellschaftlichen wie historischen Aufarbei-

tung von Zwangsmigration, Flucht und Vertreibung" bekannt:
„Wir wollen im Geiste der Versöhnung auch in Berlin ein
sichtbares Zeichen setzen, um – in Verbindung mit dem Europäischen Netzwerk Erinnerung und Solidarität über die bisher
beteiligten Länder Polen, Ungarn und Slowakei hinaus – an
das Unrecht von Vertreibungen zu erinnern und Vertreibung
für immer zu ächten." Dies ist zweifellos eine öffentliche Aufgabe, die durch gesellschaftliche Initiativen zu ergänzen, nicht
aber zu ersetzen ist.

Es wäre unsinnig, eine solche Kultur der Erinnerung ohne
die Betroffenen entwickeln und pflegen zu wollen, aber es
wäre auch unklug, sie allein den Vertriebenen als besonders
Betroffenen zu überlassen. Einen Anspruch auf Deutungs-
hoheit hat ohnehin niemand – weder Historiker noch Politiker, noch Verbandsfunktionäre und auch nicht Journalisten
und Publizisten, deren Bemühungen um eine differenzierende,
kritische Begleitung dieser Erinnerungs- und Aufklärungs-
arbeit ich ausdrücklich würdige. Wer für sich ein Interpretati-
onsmonopol reklamiert, sollte sich am öffentlichen Diskurs
besser gar nicht beteiligen, wenn dieser denn auch ein Beitrag
zur Verständigung und Versöhnung werden soll.

In Polen gab es lange Zeit verständliches Misstrauen gegenüber allen Versuchen, an die Vertreibung von Deutschen zu erinnern, auch gegenüber dem „sichtbaren Zeichen" – nicht selten mit der ausdrücklichen Besorgnis, dass damit Geschichte
uminterpretiert und Täter zu Opfern gemacht werden könnten. Inzwischen ist aber auch in Polen die Einsicht gewachsen,
dass es hier nicht darum geht, sich aus der Verantwortung zu
stehlen, sondern um die berechtigte Hinwendung zu dem
menschlichen Leid, das vielen Vertriebenen widerfahren ist.
Immer häufiger sind deshalb erfreulicherweise auch in Polen
Stimmen zu hören, die ausdrücklich um Verständnis für die
Vertreibungsdebatte in Deutschland werben.

Dennoch bleibt das Thema emotional stark besetzt, wie die Schroffheit von Urteilen selbst eines so klugen und verdienstvollen Staatsmannes wie Władysław Bartoszewski gezeigt hat. Ich habe großen Respekt vor der Biografie und der Lebensleistung dieses bedeutenden Publizisten, Historikers und Diplomaten, der Häftling in Auschwitz, Mitgründer einer geheimen Hilfsorganisation für Juden, Teilnehmer des polnischen Widerstandes und des Warschauer Aufstandes gewesen ist, der nach dem Krieg durch die polnischen Kommunisten sechseinhalb Jahre inhaftiert war, der nach 1990 Botschafter in Wien und Außenminister der Republik Polen gewesen und heute Deutschlandbeauftragter der polnischen Regierung ist.

Umso wichtiger ist es, dass wir zu der Perspektive zurückfinden, die Bartoszewski immer wieder in Reden und Aufsätzen vorgegeben hat: „Trotz der tragischen Vergangenheit haben es die Deutschen und die Polen verstanden, eine enorme psychologische und moralische Wende zu vollziehen. Sie beginnen, im Sinne von Verständigung und Versöhnung zu leben. Diese Erfahrungen und diese Werte sind besonders wertvoll, leider auch deshalb, da Völker, die auf unserem Kontinent nicht weit von uns leben, hier und heute noch mit ähnlichen Herausforderungen konfrontiert werden."

Ich unterstreiche diese Beurteilung Satz für Satz, und ich bewundere den Geist, der sich darin dokumentiert. Dies gilt auch und gerade für die Schlussfolgerungen, die Władysław Bartoszewski daraus zieht: „Diese Erfahrungen sollten wir nicht nur für uns bewahren. Polen und Deutsche können und sollten Exporteure der Versöhnung und der Verständigung werden. Wir müssen uns aber dessen bewusst sein, dass Freiheit und Demokratie die Conditio sine qua non für Versöhnung und Verständigung darstellen. In diesem Sinne ist die Herausforderung der Vollendung Europas untrennbar mit der Herausforderung der Versöhnung verbunden." Und Versöhnung braucht Erinnerung.

Israel

2008 hat der Staat Israel seinen 60. Geburtstag gefeiert, ein Jahr früher als die Bundesrepublik Deutschland. Dass die Deutsch-Israelische Gesellschaft, der Koordinierungsrat der Gesellschaften für christlich-jüdische Zusammenarbeit und der Zentralrat der Juden in Deutschland gemeinsam einen Festakt zum israelischen Staatsjubiläum in der Frankfurter Paulskirche ausrichteten, gehört zu den scheinbaren Selbstverständlichkeiten, an die wir uns zu gewöhnen begonnen haben.

Tatsächlich erscheinen die heutigen Beziehungen zwischen Deutschland und Israel beinahe wie ein Wunder der Geschichte, gemessen an der entsetzlichen Vergangenheit, die Deutsche und Juden immer in beispielloser Weise verbinden wird.

In den Jahrzehnten nach der Befreiung der Konzentrationslager hat sich eine Freundschaft entwickelt, auf die niemand ernsthaft hoffen konnte. Schließlich waren unter den Staatsgründern Israels die Überlebenden der Todeslager und die Vertriebenen aus den zerstörten Ghettos.

Der heutige Staatspräsident Shimon Peres hat daran erinnert, dass im jungen israelischen Staat „die Auffassung überwog, dass der Bruch mit Deutschland endgültig und ewig sein müsse". Dies zeigt einmal mehr: Wer über die Zukunft der deutsch-israelischen Beziehungen reden will, der muss auch über die Vergangenheit reden.

Schon 1926 wurde in Berlin das „Deutsche Komitee Pro Palästina" gegründet. Gründungsmitglieder waren unter anderem Reichstagspräsident Paul Löbe, der Kölner Oberbürgermeister Konrad Adenauer, Albert Einstein, Thomas Mann, Eduard Bernstein und Leo Baeck.

Im Programm des Komitees hieß es, man werde „in der Überzeugung, dass der Aufbau der im Palästina-Mandat vorgesehenen Heimstätte für das jüdische Volk als ein Werk

183

menschlicher Wohlfahrt und Gesittung Anspruch auf die deutschen Sympathien und die tätige Anteilnahme der deutschen Juden hat, bemüht sein, die deutsche Öffentlichkeit über das jüdische Kolonisationswerk in Palästina aufzuklären, die Beziehungen zwischen Deutschland und Palästina und die Versöhnung der Völker zu pflegen".

Leider hat sich die Geschichte völlig anders entwickelt.

Ein Jahr nach Israel wurde die Bundesrepublik Deutschland gegründet mit dem Inkrafttreten eines Grundgesetzes, das „in Verantwortung vor Gott und den Menschen" gleich im ersten Artikel sein grundlegendes Selbstverständnis formuliert hat: „Die Würde des Menschen ist unantastbar. Sie zu achten und zu schützen ist Aufgabe aller staatlichen Gewalt."

Zwischen den beiden Staatsgründungen, den Daten und Ereignissen, gibt es einen inneren Zusammenhang. Der israelische Staat ist auf der Asche des Holocaust gegründet, die zweite deutsche Demokratie auf den Trümmern eines totalitären Regimes, das die Würde des Menschen in einer beispiellosen Weise angetastet und in einer monströsen Verbindung von Menschenverachtung und Größenwahn am Ende das eigene Land politisch, ökonomisch und moralisch ruiniert und Millionen Opfer zurückgelassen hat.

Es war ein doppelter Glücksfall, dass mit Konrad Adenauer und David Ben Gurion in beiden Ländern unmittelbar nach der Staatsgründung die jeweiligen ersten Regierungschefs die Einsicht und die Größe zu einem völligen Neuanfang hatten. Zwischen Adenauer und Ben Gurion ist damals das Vertrauen neu entstanden, das Grundlage einer neuen, immer engeren Zusammenarbeit und schließlich der Freundschaft zwischen unseren Ländern geworden ist.

Das heutige Verhältnis zwischen unseren Staaten ist deshalb auch und vor allem ein Anlass zur Dankbarkeit für die Arbeit und den Einsatz all der Frauen und Männer in Israel, die neue

Brücken gebaut und alte Wege wieder gangbar gemacht haben: Politiker, Wissenschaftler, Unternehmer und Künstler.

Unter außergewöhnlich schwierigen Bedingungen ist in Israel, gestützt auf eine Entscheidung der Vereinten Nationen, nicht nur eine Heimstatt der Juden aus aller Welt entstanden, sondern eine offene, freie Gesellschaft und ein starker demokratischer Staat, bis heute die einzige funktionierende Demokratie im Nahen Osten. Und noch beachtlicher als ihr Entstehen erscheint ihre Stabilität auch unter den existenziellen Herausforderungen aller zurückliegenden Jahrzehnte.

Von damals kaum mehr als 600.000 Einwohnern ist Israel in 60 Jahren auf eine Bevölkerung von mehr als sieben Millionen Menschen gewachsen. Jahr für Jahr werden viele Tausende Zuwanderer aus beinahe allen Ländern der Welt integriert. Heute lebt etwa die Hälfte der jüdischen Weltbevölkerung in Israel, einem Staat, an dessen Gründung nur ein Bruchteil der damals über den Globus verstreuten Juden aktiv beteiligt war.

Ungetrübt ist die Bilanz der letzten 60 Jahre gleichwohl nicht, weder mit Blick auf die innere Verfassung noch die äußeren Bedingungen: Auch 60 Jahre nach der Staatsgründung hat Israel noch immer keine gesicherten Grenzen, sieben Kriege hat das Land in dieser Zeit überstehen müssen. Bis heute gibt es keinen Frieden mit den Palästinensern.

„Dass wir es nicht geschafft haben, Frieden mit unseren Nachbarn, den Palästinensern, zu schließen" hat der israelische Botschafter in Deutschland, Yoram Ben-Zeev, in einem Interview als „größten Fehler in den 60 Jahren" bezeichnet.

Wer jemals das Elend der Palästinenser insbesondere im Gazastreifen gesehen hat, der muss in der Tat auch nach der israelischen Verantwortung für die aktuellen Verhältnisse fragen. Und natürlich ist die Frage erlaubt, ob manche Sicherheitsvorkehrungen – zum Beispiel im Westjordanland mit rund 600 Kontrollposten – nicht eher den Islamismus fördern als die Friedensbereitschaft auf beiden Seiten.

Und diese Debatte findet nicht nur in der internationalen Öffentlichkeit statt, sondern insbesondere unter den Israelis selbst. „Die Neigung der Mehrheit der Israelis, ein Fortdauern des Konflikts als Teil des Alltags zu akzeptieren, ist Beleg dafür, wie weit sie sich vom Idealismus und von den Hoffnungen der ersten Israelis entfernt haben", schreibt Tom Segev, ein prominenter israelischer Historiker und Publizist, in seinem Artikel „Heiliges verrücktes Land" zum Staatsjubiläum.

Der israelische Botschafter in Deutschland hat in seinem bereits zitierten Interview keine Zweifel daran gelassen, dass auch die israelische Politik Veränderungen braucht: „Israel kann nicht für alle Zeit als Besatzer wahrgenommen werden. Das verhindert sonst wahren Frieden. Es ist besser für uns und unsere Kinder, nicht dauerhaft Besatzer zu sein … Israel wird sich aus dem Westjordanland zurückziehen müssen. Die Regierung hat beschlossen, keine weiteren Sperranlagen an der Grenze zu errichten. Diese haben den Palästinensern schon viel Leid zugefügt. Auch darf Israel keine weiteren Siedlungen in Ostjerusalem bauen. Wichtig ist nur, dass Israels Sicherheit gewährleistet ist."

Das eine muss in der Tat so klar und eindeutig sein wie das andere: Israel muss mit demselben Recht wie seine Nachbarn in international anerkannten Grenzen leben können, frei von Angst, Terror und Gewalt. Manches ist verhandelbar, das Existenzrecht Israels nicht. Ein atomar bewaffneter Staat in seiner Nachbarschaft, geführt von einem offen antisemitisch orientierten Regime, ist nicht nur für Israel unerträglich. Die Weltgemeinschaft darf eine solche Bedrohung nicht dulden.

Deutschland ist nicht irgendein Mitglied dieser Weltgemeinschaft. Wir haben für die Existenz und die Sicherheit Israels eine historisch begründete besondere Verantwortung.

Bundeskanzlerin Angela Merkel hat dies in ihrer denkwürdigen Rede vor dem israelischen Parlament, der Knesset, im März 2008 eindrucksvoll unterstrichen. „Normal" sind die Beziehungen zwischen unseren Ländern nie gewesen, „normal" dürfen sie nie werden, sie werden immer ganz besondere sein und bleiben müssen. Glücklicherweise gibt es dafür neben bewährten Strukturen neue Signale.

Deutschland und Israel haben 2008 regelmäßige, jährliche Regierungskonsultationen vereinbart, die Deutschland bislang nur mit sechs Ländern unterhält, und Israel nur mit einem einzigen: Deutschland. Ausgerechnet mit Deutschland.

Über 100 Städtepartnerschaften gibt es zwischen deutschen und israelischen Kommunen, Dutzende von Hochschul- und Wissenschaftskooperationen. Es gibt einen lebhaften, wechselseitig befruchtenden Kulturaustausch und intensive, weiter wachsende Handelsbeziehungen. Zwischen Knesset und Deutschem Bundestag bestehen enge und vertrauensvolle Beziehungen, die sich unter anderem in regelmäßigen gegenseitigen Besuchen, der Teilnahme Israels am Internationalen Parlaments-Stipendium und im regelmäßigen Austausch von Mitarbeitern ausdrücken.

Unterstrichen werden die besonderen Beziehungen zu Israel auch dadurch, dass 2010 mit Shimon Peres bereits zum dritten Mal ein israelischer Staatspräsident vor dem Deutschen Bundestag gesprochen hat.

In einem Beitrag für die Wochenzeitung des Bundestages, „Das Parlament", hat die frühere Präsidentin der Knesset, Dalia Itzik, unter der mehrdeutigen Überschrift „Am Anfang war Wüste" einen Satz geschrieben, der unauffällig daherkommt, aber nichts weniger ist als spektakulär. „Deutschland ist heute der größte Freund Israels in Europa. Es ist neben den USA das einzige Land der Welt, das Israel auf sicherheitspolitischer, militärischer und wirtschaftlicher Ebene hilft." Und derselbe israelische Staatspräsident Shimon Peres, der zum Zeitpunkt der Gründung seines Staates den Bruch mit Deutschland für endgültig und ewig hielt, erklärte 2010 bei der Gedenkfeier für die Opfer des Nationalsozialismus im Deutschen Bundestag: „Zwischen Deutschland und Israel hat sich seither eine einzigartige Freundschaft entwickelt."

Freundschaften kann man sich nicht verdienen. Freundschaften sind ein Geschenk, auf das es keinen Anspruch gibt. Zwischen Deutschland und Israel schon gar nicht. Dass sie dennoch möglich und Wirklichkeit geworden sind, ist eine Ermutigung und dauerhafte Verpflichtung.

XIX. Alles einigermaßen richtig
und alles richtig grauenvoll
Der Patriotismus einer Zivilgesellschaft

Patriotismus lässt sich mit Fußball leichter verbinden als mit Politik, jedenfalls in Deutschland. Dabei sind sowohl Verwandtschaften wie Unterschiede zu erkennen; außer offenkundigen Unterschieden zwischen dem Sport und der Politik gibt es auch manche Gemeinsamkeiten. Die bemerkenswerte Erkenntnis des französischen Philosophen Jean-Paul Sartre: „Beim Fußball verkompliziert sich alles durch die Anwesenheit des Gegners", lässt sich nahezu ohne Abstriche auch auf die Politik übertragen. Manches wäre einfacher, wenn es die Konkurrenz nicht gäbe, aber dann fände diese Veranstaltung auch gar nicht statt. In der Politik haben wir in der deutschen Geschichte auch Phasen erlebt, in denen es ohne Konkurrenz zugegangen ist. Als Dauerzustand empfehlen sich diese Erfahrungen nicht. Wir sollten bei allen Belästigungen und Frustrationen des Alltags vielmehr dankbar sein, dass es diese Konkurrenz gibt.

Die Frage nach dem Patriotismus einer Zivilgesellschaft ist nicht ganz so simpel, wie sie vielleicht auf den ersten Blick erscheint. Jedenfalls dann nicht, wenn man mehr damit verbinden möchte als eine Nachlese der grandiosen Zeit der Fußball-Weltmeisterschaft in Deutschland im Sommer 2006. Mir gefällt im Übrigen gut, dass es eine weit über das Ereignis hinausreichende intensive Beschäftigung von Publizisten und Wissenschaftlern und Demoskopen mit diesem Ereignis und seinen möglichen Folgen gibt. Das gilt ja nicht für alle Ereignisse und ist schon ein erstes Indiz dafür, dass dieses zweifellos ohnehin bedeutende Sportereignis über die sportlichen Erfahrungen hinaus vielleicht eine besondere Aufmerksamkeit verdient.

Eine Umfrage des Allensbach-Instituts wenige Wochen nach dem Ende der WM 2006 verdeutlicht, wie die Menschen selber dieses Ereignis wahrgenommen haben und welche Einschätzungen und Vermutungen sie damit verbinden.

Die Aussage: „Ich fand es schön, wie sich das Publikum auf diese Weise mit der deutschen Mannschaft identifiziert hat" fand eine Zustimmung von 71 Prozent. Die Aussage: „Die Fahnen haben gezeigt, dass es in Deutschland ein Nationalgefühl gibt, genauso wie in anderen Ländern" wurde von 62 Prozent aller Gefragten bestätigt. „Mir hat gefallen, dass sich gerade auch junge Leute so mit Deutschland identifizieren" bestätigten 54 Prozent. „Es kam bei anderen Nationen gut an, dass wir Deutschen uns so mit unserem Land identifizieren" sagten 51 Prozent. „Die Fahnen waren ein Zeichen eines angenehmen, fröhlichen Patriotismus": 49 Prozent. „Ich habe mich immer gefreut, wenn ich das Fahnenmeer gesehen habe": 43 Prozent.

Nun empfiehlt sich wie bei allen Umfragen auch bei dieser, nicht mit übertriebenem Interpretationseifer auf die zweite Stelle hinter dem Komma zu schauen, sondern eher die Größenordnungen im Auge zu haben. Dann ergibt sich in der Tat ein interessanter Befund trotz der üblichen Fehlermargen.

Die Aussage nämlich: „Ich glaube, das hat nicht viel zu sagen, das war mehr eine Mode" wurde gerade von 19 Prozent aller Befragten unterstützt. Der Aussage: „Mir waren die vielen Fahnen egal, das hat mich nicht weiter interessiert" stimmten nur elf Prozent zu, und bei der Aussagemöglichkeit: „Ich finde es gefährlich, wenn die Deutschen ein solches Nationalgefühl entwickeln" gab es ganze drei Prozent, die mit dieser Befürchtung irgendetwas anfangen konnten.

Durchaus interessant ist auch die Differenzierung der Einschätzung dieses Ereignisses nach Altersgruppen. Bei der Frage: „Während der Fußball-Weltmeisterschaft waren ja überall viele Deutschlandfahnen und andere Fanartikel in Schwarz-Rot-Gold zu sehen. Hat Sie das eigentlich überrascht, oder fanden Sie das bei einer WM im eigenen Land ganz normal?" sagten 58 Prozent aller Befragten quer durch alle Altersgruppen: Das hat mich oder uns überrascht. 37 Prozent sagten: Das ist eigentlich normal. In den älteren Altersgruppen war der Anteil derjenigen, die das überraschend fanden, signifikant höher als in den jüngeren Altersgruppen. Bei den 45-Jährigen und Älteren waren 63 Prozent überrascht, bei den 16- bis 29-Jährigen nur 45 Prozent, während 51 Prozent sagten: Das fanden wir eigentlich ganz normal.

Um das einzusortieren, muss man Vergleichsfälle heranziehen. Und da ist nun allerdings aufschlussreich, dass 1990 – nicht irgendein Jahr, sondern genau das Jahr, als die deutsche Einheit eine Welle nationaler Begeisterung auslöste –, das demonstrative Bekenntnis zu Deutschland überwiegend Beklemmungen auslöste. Damals, im Jahr der Wiedervereinigung, hatten nur 22 Prozent die Anzeichen eines neuen Patriotismus mit Sympathie betrachtet, 43 Prozent, also doppelt so viel, mit Unbehagen.

Noch 1994 waren nach den archivierten demoskopischen Befunden 44 Prozent der Bevölkerung überzeugt, dass die deutsche Geschichte es weitgehend verbiete, in Deutschland Nationalgefühl und nationale Symbole zu pflegen. 2001 war der Anteil der Bevölkerung, der diese Auffassung vertritt, nur noch genau halb so groß: 22 Prozent, während 58 Prozent dieser Aussage ausdrücklich widersprechen.

Dass Nationalbewusstsein generell schädlich sei und dem Ressentiment gegenüber anderen Nationen Vorschub leiste, war im Übrigen schon immer die Position einer Minderheit. Sie war allerdings in intellektuellen Kreisen geradezu notorisch stabil, mit einer nicht nur in diesem Zusammenhang zu beobachtenden bemerkenswerten Abschirmung gegenüber den gesellschaftlichen Wirklichkeiten. Mitte der 90er Jahre waren noch zwölf Prozent davon überzeugt, also eine überschaubare Minderheit, dass Nationalbewusstsein generell schädlich sei und dem Ressentiment gegenüber anderen Nationen Vorschub leiste, heute sind es noch ganze fünf Prozent. 79 Prozent sehen in der Identifikation mit dem eigenen Land grundsätzlich etwas Positives, das die Haltung zu anderen Nationen in überhaupt keiner Weise negativ prägt. Und befragt nach dem Zusammenhang zwischen nationaler Identität und europäischer Integration, erklären nur knapp zehn Prozent der Bevölkerung, sie hielten die Identifikation mit dem eigenen Land angesichts der europäischen Integration für überholt, während drei Viertel aller Befragten davon überzeugt sind, dass die Nation auch im vereinten Europa die entscheidende Identifikationsebene bleiben wird.

Meine Empfehlung ist, keinen einzigen dieser Befunde isoliert zu bewerten und damit überzuinterpretieren, aber die Architektur dieser Einschätzungen und Einstellungen auch nicht für irrelevant zu halten, schon gar nicht auf der Zeitachse der Veränderungen, die nicht marginal, sondern signifikant sind. Und schließlich finde ich durchaus bedeutsam, dass bei gezieltem Nachfragen, woraus sich denn die Gründe für die positive Einstellung zu Deutschland herleiten, nicht weniger als 85 Prozent aller Befragten erstaunlicherweise die Leistungen deutscher Dichter und Philosophen als Grundlage nationaler Identifikation bzw. einer positiven Einstellung zum eigenen Land angeben, 81 Prozent die Wiederaufbauleistung nach 1945, 79 Prozent unseren Stand von Wissenschaft und Forschung, 71 Prozent die technischen Hochleistungen der deutschen Industrie, 60 Prozent die Qualität deutscher Erzeugnisse.

Und schließlich, worauf man von vornherein nicht hoffen durfte: Anlass zum Nationalstolz ist für 72 Prozent der Befragten der Freiheitsspielraum, den dieses Land bietet, für 70 Prozent die große internationale Anerkennung, die dieses Land als stabile Demokratie in der Welt genießt, für 68 Prozent die Wiedervereinigung, für 63 Prozent die erfolgreiche Aussöhnung mit den ehemaligen Kriegsgegnern.

Ich kann da keinen dröhnenden Nationalstolz erkennen, sondern ein bemerkenswertes Maß an souveräner Sortierung wichtiger gegenüber weniger wichtigen Sachverhalten. Mit einer allerdings zunehmend messbaren Neigung, diese Sachverhalte nicht nur zu registrieren und eher erfreulich als unerfreulich zu finden, sondern als subjektiv begründeten Anlass für die ausdrückliche Identifikation mit dem eigenen Land zu betrachten.

Nach den vorgetragenen Daten wird man den vielzitierten fröhlichen Patriotismus während der Fußball-Weltmeisterschaft nicht für ein Vier-Wochen-Partyphänomen halten dürfen, auch wenn klar ist, dass man sowohl die Ausmaße wie die Wahrnehmung und auch die subjektive Bedeutung nicht über die Zeit dieses Ereignisses hinaus beliebig in die Zukunft verlängern kann. Eine vorsichtige Bilanz, was es mit diesem fröhlichen Patriotismus und seiner politischen Bedeutung und der möglichen Nachhaltigkeit auf sich hat, lässt sich vielleicht thesenartig in fünf oder sechs Bemerkungen zusammenfassen.

Erstens: Die Fußball-Weltmeisterschaft hat keine Veränderung herbeigeführt, aber zum Ausdruck gebracht. Im Laufe dieser von Deutschland ausgerichteten WM im Sommer 2006 wurde eine Entwicklung bestätigt und verdeutlicht, augenfällig gewissermaßen, die sich bereits seit einiger Zeit abzeichnete, und damit zugleich eine Diskussion befördert, die nach meiner Überzeugung ohnehin seit Langem überfällig war.

Zweitens: Die Fußball-Weltmeisterschaft war für diese Entwicklung nicht der Grund, sondern der Auslöser. Für das

Deutschlandbild im Ausland war dieses Ereignis möglicherweise noch wichtiger, jedenfalls spektakulärer als für die Selbsteinschätzung der Deutschen. Ich glaube nicht, dass dieses Ereignis die Selbstbefindlichkeit der Deutschen verändert hat, sondern hier hat eine Veränderung, die sich über einen längeren Zeitraum entwickelt und natürlich auch mit dem Wechsel von Generationen zu tun hat, ein Ventil gesucht und gefunden. Die damit verbundene Wirkung ist insofern vielleicht von einer tatsächlich nachhaltigen Bedeutung, als der Rest der Welt Deutschland gewissermaßen neu entdeckt hat. Ein Teil der Deutschen sich allerdings auch. Die Fanfeste, die direkten Begegnungen von Menschen unterschiedlicher Nationalitäten in den Städten, in den Stadien, das Zusammentreffen in Kneipen, Biergärten und beim „Public Viewing" – all das waren Katalysatoren, aber nicht Ursachen für ein verändertes, präziseres und differenzierteres Bild der Deutschen im Ausland und für die längst erfolgten Veränderungen in der Selbstbetrachtung der Deutschen.

Drittens: Zu den allerdings auffälligen Merkmalen dieses Ereignisses gehörte, dass hier eine Veränderung auch im gesellschaftlichen Selbstverständnis der Menschen in Deutschland zum Ausdruck gekommen ist, bei der es im Übrigen durchaus Anzeichen von Nachhaltigkeit gibt. Was sich hier gezeigt hat, ist nicht ein Staatspatriotismus, sondern der Patriotismus einer Zivilgesellschaft. Ein so renommierter, spontaner emotionaler Begeisterung unverdächtiger Beobachter wie der große Historiker Heinrich August Winkler hat darauf hingewiesen, dass in der alten Bundesrepublik Deutschland das Flaggezeigen Staatssache war. Schwarz-rot-goldene Fahnen an Privathäusern gab es praktisch nicht – einer der auffälligen Unterschiede etwa zur politischen Kultur in den Vereinigten Staaten, wo das seit Generationen in ähnlicher Weise selbstverständlich ist, wie es in Deutschland umgekehrt die seltene Ausnahme war. Das hat sich während der WM schlagartig verändert, und manche haben ihre damals angeschafften Flaggen wochenlang nicht wieder eingezogen oder zwischenzeitlich erneuert.

Zu den besonders sympathischen und für das Deutschlandbild im Ausland hilfreichen Erfahrungen in diesen Wochen gehört, dass sich dieser Patriotismus als demonstrative Zuwendung zum eigenen Land und nicht nur der Mannschaft mit dem ausdrücklichen Bekenntnis zu den Symbolen dieses Landes in überhaupt keiner Weise ausgrenzend oder abgrenzend gegenüber anderen dargestellt hat. Hier wurde nicht marschiert auf den Straßen, sondern getanzt, es wurde nicht gebrüllt, sondern gesungen, andere Nationen wurden nicht ausgegrenzt, sondern wurden in die Mitte genommen. Es ist übrigens mehr als ein Zufall, dass mit zunehmendem Verlauf der WM 2006 nicht nur immer mehr Leute an ihren privaten Fahrzeugen Nationalflaggen platzierten, sondern dass von Woche zu Woche immer mehr neben der eigenen auch eine zweite Flagge eines anderen Landes mit sich spazieren führten, demgegenüber man sich in einer besonderen Weise verbunden fühlte und das auch zum Ausdruck bringen wollte.

Viertens: Man muss nicht lange darüber spekulieren, dass die Zurückhaltung gegenüber einem demonstrativen Nationalstolz, einem offensiven Patriotismus in Deutschland vor allem historisch begründet ist und damit auf Gründen beruht, die von den Menschen heute und gar von der nachwachsenden Generation, jedenfalls als Ausschlussgrund, nicht mehr akzeptiert werden. Ich kann und will das nicht beanstanden. Die Verkürzung der deutschen Geschichte auf eine bestimmte Phase der jüngeren Vergangenheit ist weder historisch korrekt noch politisch vernünftig. Und da überhaupt niemand mit dem Anspruch, ernst genommen zu werden, der deutschen Bevölkerung oder der deutschen Politik den Vorwurf machen kann, wir hätten uns um düstere Epochen der deutschen Geschichte herumgemogelt, muss man auch keine Legitimation dafür suchen, warum wir auch andere Phasen der deutschen Geschichte in die politische Kultur dieses Landes einbeziehen. Dieses Land hat auch eine große Freiheitsgeschichte. Dieses Land gilt im Ausland als eines der Modellbeispiele für den nicht nur ökonomischen, sondern auch politischen, übrigens auch moralischen Wiederaufbau eines Landes. Die Bemühungen von Ländern im Entwicklungsprozess auf der Suche nach neuen Strukturen ihrer politischen Ordnung orientieren sich mit einer geradezu rührenden Regelmäßigkeit ausgerechnet an deutschen Beispielen, die man vielleicht gerade wegen dieser komplizierten Geschichte als besonders interessante, oft voreilig als übertragbare Orientierungshilfen für eigene Neuordnungen betrachtet.

Fünftens: Die Deutschen – so scheint es – sind auf dem Weg zu einem neuen und anderen Wir-Gefühl: nicht vergangenheitsfixiert, sondern zukunftsorientiert, nicht nationalistisch verengt, sondern weltoffen tolerant. Der fröhliche, aufgeklärte Patriotismus wird insbesondere von den jungen Menschen getragen. Das macht ihn besonders interessant, zugleich auch unverdächtig. Etwa 70 Prozent der jungen Menschen bis zu 30 Jahren erklären es ausdrücklich für falsch, aus den düsteren Kapiteln der deutschen Vergangenheit die Forderung nach einer dauerhaften Unterdrückung patriotischer Gefühle herzuleiten.

Ich will allerdings der gelegentlichen Neigung widersprechen, aus den geschilderten Entwicklungen und Erfahrungen die Schlussfolgerung herzuleiten, nun entwickele sich aus einer jahrzehntelangen historisch begründeten Zurückhaltung eine geradezu euphorische Identifikation mit allem, was mit Deutschland zu tun hat. Davon kann ganz gewiss keine Rede sein. Es gibt ganz offenkundig eine höchst unterschiedlich temperierte Zuneigung zu der Gesellschaft, in der man lebt, zu Verbundenheit mit der eigenen Herkunft, mit der eigenen Heimat, und ein deutlich geringeres Maß an Identifikationen mit der staatlich-politischen Ordnung und ihren Institutionen. Und obwohl ich mir auch in diesem Zusammenhang eine ähnliche Entwicklung wünschen würde, die ich für möglich und nötig halte, finde ich die Fähigkeit, das eine vom anderen zu unterscheiden, mindestens so eindrucksvoll wie besorgniserregend.

Man muss kein Sozialwissenschaftler sein, um eine Interpretation eher amüsant zu finden, die im Rahmen einer Langzeitstudie der Universität Bielefeld „Deutsche Zustände" tatsächlich oder vermeintliche Veränderungen in den deutschen Befindlichkeiten nach der Fußball-Weltmeisterschaft untersucht hat und zu der schlichten Schlussfolgerung kommt, „die WM-Euphorie schüre Intoleranz". Dort wird eine Reihe von Befunden vorgetragen, darunter unter anderem, dass die Wertschätzung für die Demokratie in Deutschland nach der Fußball-Weltmeisterschaft um glatte fünf Prozent auf den niedrigsten Stand seit fünf Jahren gesunken sei. Das ist allerdings kein ernsthafter Grund zur Besorgnis. Warum eigentlich soll jemand, der dieses Ereignis grandios gefunden hat, der sich mit vielen anderen gemeinsam über deutsche Siege gefreut und deutsche Niederlagen gelassen ertragen hat, warum soll der verpflichtet sein, seine Beobachtung politischer Entwicklungen ab sofort entweder aufgeben oder wegen gewachsenen Nationalstolzes jede Kritik einzustellen? Warum soll es nicht zulässig sein, sich auch während und nach einem solchen Sportereignis vergleichsweise nüchtern und hoffentlich gut informiert auch mit schwierigen politischen Fragen auseinanderzusetzen, z. B. ob wir in Deutschland zu wenig oder zu viel Zuwanderung haben und ob diese oder jene Art von Steuerung politisch notwendig oder angemessen sei. Wenn es zu solchen und anderen Themen natürlich unterschiedliche Auffassungen gibt, ist das der normale Befund in jeder halbwegs freiheitlich verfassten Gesellschaft, in der die Leute nicht nur ihre eigenen Beobachtungen machen können, sondern auch artikulieren dürfen, was sie davon halten. Daraus einen Kausalzusammenhang herleiten zu wollen zwischen WM-Euphorie und Intoleranz oder Freude am eigenen Land bei gleichzeitig sinkender Zustimmung zu den demokratischen Institutionen, ist weder politisch noch wissenschaftlich plausibel.

Schließlich gibt es einen interessanten und wichtigen Zusammenhang zwischen diesem Thema – Deutschland, nationale Identität, Patriotismus – auf der einen Seite und Europa und seiner weiteren Entwicklung andererseits. Aus Anlass der 50-Jahr-Feiern der Römischen Verträge ist von vielen klugen Beobachtern darauf hingewiesen worden, dass es trotz der beachtlichen 50-jährigen Erfolgsgeschichte der Europäischen Gemeinschaft einen nennenswerten, identifizierbaren europäischen Patriotismus bislang nicht gibt. So weit eine Identifikation mit Europa erfolge, finde sie über die Nationalstaaten statt. Das ist im Übrigen in Frankreich und in Spanien, in England und in Italien, in Polen und Ungarn immer schon so gewesen. Und jetzt wird das in Deutschland in ähnlicher Weise sichtbar. Ich finde das schlicht normal. Die Erfolgsgeschichte dieser Europäischen Gemeinschaft, von der übrigens nach meiner festen Überzeugung einmal Historiker in 50 oder 100 Jahren festhalten werden, dass sie eine der ganz großen erfolgreichen, nachhaltigen Errungenschaften der Menschheitsgeschichte war, zeigt, dass eine Verbindung von nationaler Identität und europäischer Integration keineswegs ausgeschlossen ist, sondern möglicherweise das eine sogar die Voraussetzung für das andere.

Die junge deutsche Schriftstellerin Juli Zeh hat diesen wichtigen Zusammenhang in einer Weise formuliert, die ich für eine besonders authentische Verdeutlichung des Blicks der jüngeren Generation auf die Wahrnehmung aktueller Ereignisse halte. Ihr Aufsatz „Anleitung zum Selbstverständnis" beginnt mit dem Satz: „Wenn ich etwas über das Wesen des deutschen Patriotismus lernen will, fahre ich weg. Und zwar ins Ausland." Und sie erläutert dann, dass sie regelmäßig bei der Kommentierung ihrer Beschwerden über das eigene Land durch ihre ausländischen Kolleginnen und Kollegen ein neues Verhältnis zum eigenen Land gewinne. Juli Zeh führt in diesem Aufsatz aus, unsere herausragend deutsche Fähigkeit bestehe darin, „alles einigermaßen richtig zu machen und dabei alles richtig grauenvoll zu finden". Das ist nicht schlecht beobachtet – übrigens einschließlich des Hinweises, die deutsche Neigung zu übersteigerter Selbstkritik sei niemals Ausdruck einer angeborenen Bescheidenheit gewesen, sondern eine subtile Variante der Überheblichkeit. Und sie schlägt als ihr Resümee aus den Erfahrungen der letzten Jahre vor, was ich mir gerne zu eigen mache: „Wie wäre es also, wenn wir das Wesen eines positiven deutschen Patriotismus in zwei Schritten definieren. Erstens hören wir einfach auf, uns selbst und unser Land permanent unerträglich zu finden, denn das kam gemessen an den Realitäten schon immer einer Undankbarkeit von unappetitlichen Ausmaßen gleich. Und dabei verzichten wir zweitens auf die Idee, dass – wenn wir schon nicht schlechter – dann aber wohl besser als alle anderen sind."

Ein intelligent formulierter Vorschlag zur Herstellung von Gleichgewichtszuständen. Inneres Gleichgewicht, souveräne Gelassenheit gegenüber aktuellen Herausforderungen und Anforderungen ist für das persönliche Wohlbefinden eher vorteilhaft und nach aller historischen Erfahrung für Gemeinwesen auch: eine geeignete Grundlage für den aufgeklärten Patriotismus einer modernen Zivilgesellschaft.

XX. Ein Europa, dessen Möglichkeiten über den Ehrgeiz seiner Nationalstaaten hinausreichen
Die EU nach dem Vertrag von Lissabon

Der Lissabon-Vertrag war nicht der erste und wohl auch nicht der letzte Schritt auf dem langen Weg in eine gemeinsame Zukunft Europas. Das mühsame Zustandekommen dieses Vertrages und das späte Inkrafttreten haben eine Fülle von Betrachtungen, Kommentaren, Erwartungen und Befürchtungen ausgelöst, die nicht allesamt freundlich waren, für die es aber jeweils nachvollziehbare, beachtliche Gründe gibt. Alan Posener hat in einer großen Sonntagszeitung seinen Kommentar zum bevorstehenden Inkrafttreten des Lissabon-Vertrages mit der Vermutung versehen: „In Europas Straßen wird man nicht tanzen", und hinzugefügt: „Niemand wird behaupten wollen, von hier und heute gehe eine neue Epoche der Weltgeschichte aus. Und das ist bedenklich, denn es hat unübersehbar eine neue Epoche begonnen."

Beides ist richtig, jedenfalls nach meiner Beurteilung. Hier begann ganz sicher nicht eine neue Epoche der Weltgeschichte. Aber mit dem Lissaboner Vertrag wurden mehr als ein paar Gerüste von der Baustelle abgeräumt. Der Bau gewinnt zunehmend Konturen. Dies verfolgen sowohl diejenigen, denen diese Konturen gefallen, wie diejenigen, die davon nicht so begeistert sind, zu Recht mit besonderer Aufmerksamkeit. Würdigen kann man das, was in Lissabon zustandegekommen ist, nur im Kontext der Vorgeschichte, so wie sich diese große Errungenschaft der Europäischen Gemeinschaft, um die es sich zweifellos handelt, ohnehin nicht begreifen lässt in der täglichen Auseinandersetzung um diesen oder jenen kleinen Fortschritt oder das, was man dafür hält, sondern erst im Kontext des prinzipiellen Unterschieds zu den Verhältnissen, die Europa und die Beziehungen seiner Staaten und Völker zueinander vorher jahrzehnte- und jahrhundertelang gekennzeichnet haben.

Über den Lissaboner Vertrag und seine Bedeutung kann man nicht sprechen, ohne über den Vertrag von Nizza und seine Enttäuschungen zu reden, über die gescheiterte Reform damals im Dezember 2000 – pünktlich zur Weihnachtszeit, wie alle großen Initiativen der letzten Jahre, vor allem der große Aufbruch 2001, wiederum im Dezember, mit der Vereinbarung der Staats- und Regierungschefs, eine Verfassung Europas zu entwickeln, eine Verfassung, die mehr Demokratie, mehr Transparenz und mehr Effizienz der Europäischen Gemeinschaft und ihrer Organe ermöglichen sollte. Die Leidensgeschichte dieses Vertrages, des Entwurfs und seines schließlichen Scheiterns ist hinreichend bekannt, auch die Ambitionen nicht aller, aber vieler der damals Beteiligten wie der später in Verantwortung Nachgewachsenen, die Substanz der gescheiterten Verfassung in einen Reformvertrag hinüberzuretten – was wiederum die einen als Mindestvoraussetzung für einen qualitativen Sprung verstanden haben und die anderen als Drohung, einen zweiten Anlauf zu einem – in ihren Augen zu Recht – gescheiterten Versuch zu unternehmen.

Die Auseinandersetzung über diesen Vertrag hängt natürlich damit zusammen, dass es über das gemeinsame Haus Europas nach wie vor nicht nur keine identischen Vorstellungen gibt, sondern dass sich mit der Zukunft der Europäischen Union Erwartungen verbinden, die sich zum Teil wechselseitig ausschließen. Und das macht es nicht nur verständlich, dass dieser Vertrag nicht allen Ansprüchen genügen kann: Es macht es unvermeidlich – schon gar unter den Bedingungen des Einstimmigkeitsprinzips, die bis Lissabon jeden möglichen Fortschritt der Europäischen Gemeinschaft bestimmt haben.

Wenn man die drei großen Ziele, die damals im Zusammenhang mit dem Anlauf zu einer europäischen Verfassung genannt wurden, auch als Kriterium für den Lissabon-Vertrag gelten lässt – mehr Demokratie, mehr Transparenz, mehr Effizienz –, dann scheint der Zuwachs an Transparenz wie an Demokratie beinahe gesichert. Was die Effizienz angeht, ist das nicht so sicher. Mit dem Vertrag von Lissabon sind gewiss nicht alle Probleme Europas gelöst, aber deutlich bessere Voraussetzungen dafür geschaffen, dass sie überhaupt gelöst werden können. Seit Bestehen der Europäischen Union war dies zweifellos der größte Schritt zur Parlamentarisierung europäischer Entscheidungen. Der Vertrag stärkt sowohl die Mitwirkungsrechte des Europäischen Parlaments als auch die der nationalen Parlamente. Auf dieser Grundlage ist es weder rechtlich noch politisch möglich, die Europapolitik weitgehend den Regierungen allein zu überlassen. Mehr Rechte für die Parlamente auf europäischer wie auf nationaler Ebene bedeutet zugleich eine Ausweitung ihrer Verpflichtungen. Der Bundestag hat mit dem Begleitgesetz zum Lissaboner Vertrag, seinem Verbindungsbüro in Brüssel unter Beteiligung der Fraktionen des Deutschen Bundestages, insbesondere aber durch die einzigartige Kooptation von deutschen Mitgliedern des Europäischen Parlaments in seinen Ausschuss für Europäische Angelegenheiten sichergestellt, den neuen Anforderungen und neuen Kompetenzen gerecht werden zu können.

Bundeskanzlerin Angela Merkel hat in ihrer „Humboldt-Rede zu Europa" am 27. Mai 2009 zum Lissabon-Vertrag, der damals von allen Staats- und Regierungschefs unterzeichnet, in den allermeisten Ländern ratifiziert, aber eben noch nicht in Kraft getreten war, gesagt, dass wir „den Vertrag von Lissabon brauchen, denn er wird dem Europäischen Rat einen Präsidenten geben, der über eine Periode von zweieinhalb Jahren mehr Kontinuität in die Arbeit des Europäischen Rates hineinbringt,

Interessen bündeln kann und hoffentlich für mehr Schnelligkeit und Praktikabilität der Arbeit sorgt …" Und als zweite wichtige Veränderung nannte sie: „Der Vertrag von Lissabon wird auch das Europäische Parlament als Mitgesetzgeber stärken." Das ist erstaunlich vorsichtig, außerordentlich bescheiden formuliert. Die Kanzlerin wird gewusst haben, warum sie sich so vorsichtig ausdrückt. Denn jeder, der irgendwann einmal mit europäischen Personalentscheidungen befasst war, weiß, dass viele Erwartungen und Ansprüche bestehen, die sich zu einem beachtlichen Teil wechselseitig ausschließen. Aber es hat auch keinen Sinn, in der Freude über das endlich Erreichte darüber hinwegzusehen, dass die Personalentscheidungen, auf die sich der Europäische Rat im Lichte der Veränderungen des Lissaboner Vertrages hat verständigen können, manche Hoffnungen enttäuscht haben. Die getroffenen Personalentscheidungen wirken auf viele überzeugte Europäer und internationale Partner wie der Widerruf des Ehrgeizes, den der Lissaboner Vertrag als Konzept vermittelt hat. Nach dessen Inkrafttreten wird unter dem Gesichtspunkt „Effizienz" Europa mit drei Präsidenten und einer Vizepräsidentin gleichzeitig auftreten: dem Präsidenten der Kommission, dem wechselnden halbjährigen Präsidenten des Europäischen Rates, einem scheinbar ständigen Präsidenten, der zweieinhalb Jahre amtiert, und einer Vizepräsidentin der Kommission, die gleichzeitig für auswärtige Angelegenheiten zuständig ist – und damit übrigens für genau den Bereich, der zu den wenigen verbleibenden Politikfeldern gehört, für die es keine ausgeprägte Gemeinschaftszuständigkeit gibt.

Nun muss man der Fairness halber hinzufügen, dass die Kritik an einem solchen Tableau sowohl institutionell wie personell entschieden leichter ist als die Herbeiführung von konsensfähigen Entscheidungen. Denn das, was dem einen naheliegend erschien, die Entscheidung für eine europäisch ausgewiesene Persönlichkeit mit Kompetenz, Erfahrung und Führungsvermögen, hat naturgemäß auf manche der handelnden Regierungschefs eher abschreckend als förderlich gewirkt. Und am Ende kommen nur Lösungen zustande, auf die sich alle verständigen können und bei denen dann das Risiko bleibt, dass statt der berühmten verbindlichen Telefonnummer, die Henry Kissinger schon vor über 30 Jahren von der Europäischen Gemeinschaft eingefordert hat, es mindestens vier Telefonnummern gibt, angesichts derer sich ein amerikanischer, chinesischer oder japanischer Staats- oder Regierungschef im Zweifelsfall vielleicht lieber gleich an den französischen Präsidenten oder die deutsche Kanzlerin wendet.

Meine Empfehlung ist, die eine Wahrnehmung nicht zugunsten der anderen aufzugeben: nicht wegen der Einsicht in die Unvermeidlichkeit solcher Entscheidungsprozesse das Beobachtungsvermögen einzustellen oder umgekehrt, aus schierer Begeisterung für die Lösung, die man selbst für die richtige hält, all diejenigen unter Generalverdacht zu stellen, die für sich mit ähnlich beachtlichen Argumenten ganz andere Präferenzen in diesem Zusammenhang gebildet haben.

Über die parlamentarischen Perspektiven des Vertrages zu schreiben, fällt leichter: Dieser Reformvertrag hat den mit Abstand stärksten Beitrag zur Parlamentarisierung der europäischen Entscheidungsverfahren seit Gründung der Europäischen Gemeinschaft geleistet. Er hat nicht nur das Europäische Parlament deutlich aufgewertet, übrigens auch und gerade in den bisher weitgehend von Regierungszusammenarbeit geprägten Feldern der Innen- und Justizpolitik, sondern vor allem die nationalen Parlamente gestärkt.

Erstens: Als erster europäischer Vertrag verankert der Vertrag von Lissabon den Grundsatz der repräsentativen Demokratie ausdrücklich im EU-Primärrecht. Das gab es bislang nicht. Es müsste eigentlich beim Bundesverfassungsgericht mit Genugtuung registriert werden, weil genau dies in der Auseinandersetzung mit dem Maastricht-Vertrag 1993 ausdrücklich eingefordert worden war.

Zweitens: Im Einklang gerade mit diesen von Karlsruhe immer wieder eingeforderten Ansprüchen werden die nationalen Parlamente im neuen Vertrag noch vor dem Europäischen Parlament genannt, nämlich im Artikel 12 vor den dann folgenden, die die Rolle des Europäischen Parlaments regeln, und durch diese neue Vorschrift mit eigenen Informations-, Kontroll- und Mitwirkungsrechten ausgestattet. Zwei dem EU-Vertrag durch den Reformvertrag beigefügte Protokolle – das Parlamenteprotokoll und das Subsidiaritätsprotokoll – konkretisieren diese parlamentarischen Rechte im Einzelnen.

Drittens: Der Vertrag von Lissabon macht die nationalen Parlamente zu Wächtern der Subsidiarität in der EU. Das ist überfällig, zumal weit und breit keine andere politische Institution mit Verfassungsrang zu sehen ist, die sonst eine solche Subsidiaritätskontrolle mit Aussicht auf Erfolg wahrnehmen könnte. Die Europäische Kommission hat dezidiert die umgekehrte Aufgabe. Sie ist auf Gemeinschaftshandeln programmiert. Der Europäische Ministerrat handelt entweder gar nicht oder europäisch. Das europäische Parlament muss sich in der Logik seines Selbstverständnisses als Vertretung der europäischen Bürger verstehen und nicht als verlängerter Arm der Nationalstaaten und auch nicht der nationalen Parlamente. Wenn also überhaupt in diesem Europa von Nationalstaaten die Subsidiarität nicht nur eine nostalgische Erinnerungsfigur an überkommene Zeiten sein soll, sondern wenn dies Gestaltungsprinzip bleiben soll, kommen bei nüchterner Betrachtung eigentlich nur die nationalen Parlamente ernsthaft als Hüter der Subsidiarität in Frage. Dies nimmt dieser Vertrag nicht nur in Kauf, sondern ausdrücklich zur Kenntnis und setzt damit einen ebenso wirklichkeitsnahen wie politisch bedeutsamen Akzent.

Viertens: Jedes nationale Parlament erhält im Lissabon-Vertrag das Recht, gegen EU-Rechtsakte, die aus seiner Sicht gegen das Subsidiaritätsprinzip verstoßen, direkt vor dem Europäischen Gerichtshof Subsidiaritätsklage zu erheben. Dieses Klagerecht steht in Deutschland sowohl dem Bundestag wie dem Bundesrat zu.

Fünftens: Auch wenn der neue Vertrag Mehrheitsentscheidungen nicht nur erlaubt, sondern grundsätzlich als Regel vorsieht und damit die eingebaute Blockade aufhebt, die das Einstimmigkeitsprinzip nach sich zieht, bleibt es auch in Zukunft in zentralen außen- und sicherheitspolitischen Entscheidungen beim Erfordernis der Einstimmigkeit im EU-Ministerrat, so dass jedes nationale Parlament über seine Regierung bestimmenden Einfluss behält. Das gilt ganz besonders für mögliche EU-Militärmissionen, die überhaupt nur dann mit deutscher Beteiligung stattfinden dürfen, wenn Deutschland dazu im Rat seine Zustimmung erteilt, was wiederum nicht erfolgen kann, wenn es nicht die vorherige Zustimmung des Bundestages dazu gegeben hat.

Sechstens: Auch in Zukunft bleiben Vertragsänderungen, Beitritte weiterer Mitgliedsstaaten, Beschlüsse über die Finanzmittel der EU ratifizierungsbedürftig, treten also nur dann in Kraft, wenn jedes nationale Parlament seine Zustimmung gegeben hat.

Siebtens: Verfahrensrechtlich erschwert, im Lichte der Subsidiaritätsklausel zu Recht, wird im Reformvertrag die Anwendung der sogenannten Flexibilitätsklausel, die es der EU ermöglicht, Beschlüsse ausnahmsweise auch dann zu fassen, wenn dazu keine spezielle Rechtsgrundlage in den Verträgen vorgesehen ist. Während dafür zuvor die Anhörung des Europäischen Parlaments genügte, verlangt der neue Reformvertrag seine ausdrückliche Zustimmung. Eine zusätzliche Einschränkung ergibt sich aus den neuen Kontrollrechten der nationalen

Parlamente, die bei Anwendung der Flexibilitätsklausel Einschätzungen der Verletzungen des Subsidiaritätsprinzip rügen und notfalls gerichtlich beanstanden können.

Und schließlich, achtens, erhält jedes nationale Parlament durch den Vertrag von Lissabon ein innerhalb von sechs Monaten ausübbares Vetorecht gegenüber besonderen Vertragsänderungen, die nicht, wie sonst üblich, von einer Regierungskonferenz, sondern einstimmig vom Europäischen Rat mit Zustimmung des Europäischen Parlaments beschlossen werden. Das heißt: Bundestag und Bundesrat können verhindern, dass im Rat in einem Politikfeld von der Einstimmigkeit zu Mehrheitsentscheidungen übergegangen wird und beispielsweise das Familienrecht europäisiert wird, auch wenn es dazu eine völkerrechtlich verbindliche Kompetenzzuweisung nicht gibt. Eben diese gelegentlich kritisierte schleichende Ausweitung von Zuständigkeiten der Europäischen Gemeinschaft gegenüber den Mitgliedsstaaten ist nach dem neuen Vertrag von den nationalen Parlamenten, wenn sie es denn für nötig halten, zu konterkarieren. Mit anderen Worten: Die nationalen Parlamente sind durch den Vertrag von Lissabon zum ersten Mal von bisher nur mittelbar Beteiligten, eher ferneren Zuschauern des Unionsgeschehens zu unmittelbaren, mit eigenen einklagbaren Mitwirkungsrechten ausgestatteten Akteuren im EU-Entscheidungsprozess geworden. Oder, etwas salopper formuliert: Aus der Rolle von Beobachtern mit dem Recht auf Zwischenrufe wurden Teilnehmer mit einklagbaren Rechten auf Mitwirkung und Mitentscheidung. Das ist alles andere als eine Marginalie.

Man *muss* diesen Katalog erweiterter parlamentarischer Mitwirkung nicht gut finden, und es gibt Europäer, die das eher für einen Irrweg als für einen Fortschritt halten; und man muss es auch nicht für ausreichend halten, weil mancher Ehrgeiz über diese Vereinbarungen hinausreicht. Aber dass dies ein gewaltiger Schritt nach vorn war, kann man unter Aufrechterhaltung eines gewissen Maßes an intellektueller Redlichkeit nicht bestreiten. Deswegen hat der damalige Präsident des Bundesverfassungsgerichts, Hans-Jürgen Papier, in einem Vortrag an der Humboldt-Universität zu Berlin am 21. Februar 2008 zu Recht begrüßt, dass der Vertrag von Lissabon die nationalen Parlamente als zweiten Legitimationsstrang der Europäischen Union substanziell stärkt und sie „selbst in den Rang europäischer Akteure erhebt". Dies liegt auf der Linie einer früheren Entscheidung des Bundesverfassungsgerichts, nämlich des berühmten Maastricht-Urteils von 1993. Damals hatte das Gericht seine Erwartungen an die Entwicklung der Demokratie in der Europäischen Union wie folgt formuliert: „Entscheidend ist, sowohl aus vertraglicher wie aus verfassungsrechtlicher Sicht, dass die demokratischen Grundlagen der Union schritthaltend mit der Integration ausgebaut werden und auch im Fortgang der Integration in den Mitgliedsstaaten eine lebendige Demokratie erhalten bleibt." Dieser Anspruch wird vom Lissaboner Vertrag zweifellos erfüllt, und deswegen kann es nicht weiter überraschen, dass die Klage mit dem Ziel der Feststellung der Verfassungswidrigkeit dieses Lissaboner Vertrages scheitern musste im Lichte des Grundgesetzes, im Kontext der eigenen Kriterien des Bundesverfassungsgerichts.

Als nicht in gleicher Weise geglückt empfinde ich den Teil des Urteils, der sich mit der Beantwortung von Fragen beschäftigt, die weit über die beklagten Regelungen des Lissabon-Vertrages hinausgehen und die das Verfassungsgericht nicht unbedingt hätte hinzufügen müssen, aber aus welchen Gründen auch immer glaubte dringend hinzufügen zu sollen – nämlich, ob dieser europäische Integrationsprozess Grenzen habe und wo die liegen und wann notfalls anstelle parlamentarischer Entscheidungen Gerichtsentscheidungen den Fortgang Europas zu bestimmen haben. Das finde ich, offen gestanden, kühn und nach meinem persönlichen Urteil weder historisch noch politisch noch juristisch hinreichend begründet. Dabei fühle ich mich ermutigt durch manche Zwischenrufe auch aus der wissenschaftlichen Diskussion, die ebenfalls deutliche Vorbehalte gegen diesen Teil des Verfassungsgerichtsurteils angemerkt haben. Mit der besonderen Betonung nationaler Souveränität, die man durchaus bedeutend finden kann, auch wenn sie mit Blick auf die realen politischen Verhältnisse längst nicht mehr existiert, aber als Denkfigur natürlich ihren Reiz hat, beschwört das Bundesverfassungsgericht ein Kriterium, das in der Literatur immer wieder, aber im Grundgesetz überhaupt nicht vorkommt. Für ein oberstes Gericht, das eine Verfassung zu interpretieren hat, die es gibt, und nicht eine, die man gerne hätte, ist die Inflationierung eines Kriteriums, das in der Verfassung gar nicht vorkommt, schon ein vergleichsweise kühner Zugriff. Und die gleichzeitig besonders kräftigen Fragezeichen an die Legitimation des Europäischen Parlaments finde ich sehr erstaunlich. Das Europäische Parlament sei „weder in seiner Zusammensetzung noch im europäischen Kompetenzgefüge dafür hinreichend gerüstet, repräsentative und zurechenbare Mehrheitsentscheidungen als einheitliche politische Leitentscheidungen zu treffen. Es ist gemessen an staatlichen Demokratieanforderungen nicht gleichheitsgerecht gewählt und innerhalb des supranationalen Interessenausgleichs zwischen den Staaten nicht zu maßgeblichen politischen Leitentscheidungen berufen …" Auch nur andeutungsweise ähnliche Zweifel an der „gleichheitsgerechten Zusammensetzung" des Bundesrates und seiner „maßgeblichen" Beteiligung an „politischen Leitentscheidungen" sind mir in Entscheidungen des Bundesverfassungsgerichts bislang nicht erinnerlich.

Tatsächlich hat die nach meinem Empfinden weitestreichende Abtretung nationaler Souveränitätsrechte, die es in der Geschichte der Bundesrepublik Deutschland je gegeben hat, jedenfalls geben sollte, schon vier Jahre vor den Römischen Verträgen und damit vor der Gründung der europäischen Wirtschaftsgemeinschaft stattgefunden: mit dem Vertrag einer Europäischen Verteidigungsgemeinschaft (EVG), der, schon gar nach dem damaligen Selbstverständnis europäischer Nationalstaaten, eine erstaunliche Bereitschaft der Abtretung von nationalen Kernsouveränitätsrechten zum Gegenstand hatte, nämlich den Verzicht auf eigene Strukturen nationaler Sicherheit zu Gunsten einer zunächst bilateralen, aber – wie der Vertragstitel schon deutlich macht – von der Intention her europäischen Verteidigungsgemeinschaft. Dieser Vertrag ist im Deutschen Bundestag ratifiziert worden. Er ist auch nicht vor dem Bundesverfassungsgericht gescheitert, sondern in der Assembleé nationale, weil aus Gründen, die sich gut nachvollziehen lassen, zum damaligen Zeitpunkt die Neigung zu einer solchen Form von Supranationalität in Deutschland um Längen ausgeprägter war als in Frankreich.

Seit dieser Zeit sind alle wesentlichen Integrationsentscheidungen, alle Integrationsfortschritte, alle Reformverträge, die den Weg von der Europäischen Wirtschaftsgemeinschaft über die Europäische Gemeinschaft zur Europäischen Union kennzeichnen, mit überragenden Mehrheiten im Deutschen Bundestag nahezu unabhängig von der jeweiligen Rollenverteilung zwischen Regierung und Opposition getroffen worden. Mir fehlt, wie dem Berliner Staatsrechtslehrer Christoph Möllers, ein bisschen die Fantasie, vielleicht auch das Verständnis, für die Vermutung, was bei einer ganz offenkundigen, unmissverständlichen, eindeutigen demokratischen Legitimation dieses Prozesses die Frage soll, ob von einem bestimmten politisch gewollten und mit hohen Mehrheiten demokratisch beschlossenen Integrationsprozess an Gerichte dessen Zulässigkeit prüfen und notfalls anhalten können.

Die Wahrnehmung dessen, was in Zeiten der Globalisierung der Nationalstaaten an Souveränität verblieben ist, liegt bei den Parlamenten – in Deutschland mehr als irgendwo sonst beim Bundestag. Der Deutsche Bundestag entscheidet, ob überhaupt und wo und in welchem Umfang die Bundesrepublik Deutschland nationale Kompetenzen an die Europäische Gemeinschaft oder an internationale Organisationen zu übertragen bereit ist, nicht die Gerichte. Sie sind weder für Politik zuständig noch für Gesetzgebung. Sie legen die Gesetze im Lichte unserer Verfassung aus. Nicht weniger, aber auch nicht mehr. Deshalb fühle ich mich durch die Hinweise des Bundesverfassungsgerichts bezüglich möglicher weiterer Integrationsschritte weder in meinem Urteilsvermögen beeinträchtigt noch in meinem politischen Mandat. Und ich habe die begründete Erwartung, dass künftige neu zusammengesetzte Parlamente das für sich mit gleicher Selbstverständlichkeit reklamieren, wie ich das für mich und für diesen Bundestag tue.

„Am Anfang", hat Konrad Adenauer gesagt, und mit „Anfang" meinte er den Anfang noch vor Gründung der Europäischen Wirtschaftsgemeinschaft, noch vor Verabschiedung der Römischen Verträge: „Am Anfang war Europa ein Traum von wenigen. Dann wurde es eine Hoffnung für viele. Inzwischen ist es eine Notwendigkeit für alle." Die Einsicht in diese Notwendigkeit erklärt den erstaunlichen Prozess der europäischen Entwicklung der letzten 50 Jahre sowohl unter quantitativen wie unter qualitativen Gesichtspunkten. Sie erklärt, warum sich dieser Gemeinschaft von zunächst ganzen sechs Mitgliedsstaaten immer mehr Länder anschließen wollten und angeschlossen haben. Und wir wissen alle, dass der Prozess noch nicht zum Abschluss gekommen ist. Es gibt Anlass, darauf hinzuweisen, dass ein ganz besonders spannender Teil dieser Entwicklung in der jüngeren Vergangenheit in den 90er Jahren stattgefunden hat, nach den großen revolutionären Umbrüchen in Mittel- und Osteuropa, in deren Zusammenhang auch die Wiederherstellung der deutschen Einheit möglich wurde. Denn damals ging es um die bis heute nicht gänzlich entschiedene Frage, ob eigentlich die Vertiefung der Zusammenarbeit in der Europäischen Gemeinschaft in den damaligen 15 Mitgliedsstaaten oder die Erweiterung dieser Gemeinschaft um die Länder, die jahrzehntelang auf Grund der gegebenen politischen Verhältnisse an der Mitgliedschaft gehindert waren, Vorrang haben müssen. Ich glaube, man tritt niemandem zu nahe, wenn man heute mit vielleicht noch nicht hinreichendem zeitlichem Abstand sagt: Damals ist mit beachtlichen Gründen der Erweiterung Vorrang vor der Vertiefung eingeräumt worden. Ob das alternativlos war, darüber werden sich noch ganze Generationen von Historikern streiten. Vielleicht wären auch die umgekehrten Kollateralschäden viel ärger als die, die mit dieser Prioritätsentscheidung verbunden waren. Aber ich weise auf diesen Zielkonflikt hin, weil jedenfalls *eine* der immer wieder vorgetragenen Begründungen des großen Europäers Helmut Kohl, warum die Erweiterung Vorrang haben müsse vor der Vertiefung, sich im Lichte der weiteren Erfahrungen nicht bestätigt hat: Die Erweiterung werde die Vertiefung erzwingen, die im Kreis von 15 Mitgliedsstaaten nicht zu vereinbaren war.

Natürlich und unvermeidlicherweise haben wir in den vergangenen Jahren die Erfahrung gemacht, dass schon gar unter den Bedingungen des Einstimmigkeitsprinzips Fortschritte unter 27 Beteiligten nicht leichter sein können als unter 15 oder zwölf. Aber Europa muss auch nach Lissabon die Frage beantworten, welche Gemeinschaft über das Konzept eines großen Wirtschaftsraumes hinaus, welche Vorstellung einer politischen Union es tatsächlich realisieren will. Wenn ich mich entscheiden müsste zwischen einem Europa weniger Staaten, die eng zusammenarbeiten, und möglichst vielen, die mal eben so, wie es der jeweiligen Interessenlage entspricht, zusammenarbeiten oder auch nicht, zögere ich keinen Augenblick, mich für die erste Alternative zu entscheiden. Und ich beziehe diese Position in der festen Überzeugung, dass sich hier nicht eine verselbständigte europäische Begeisterung austobt, sondern dass ich damit die nationalen Interessen verfolge, die ich als Deutscher in ähnlicher Weise in Zukunft gerne wahrnehmen möchte, wie das Franzosen tun und Briten und Polen und Portugiesen und Balten und Niederländer und wer auch immer in dieser Gemeinschaft.

Vielleicht ist der Hinweis nützlich, dass die Europäische Gemeinschaft zu Zeiten ihrer Gründung mit ihrer damaligen Bevölkerung etwa ein Viertel der Weltbevölkerung ausmachte. 50 Jahre danach ist Europa wesentlich größer geworden, aber der Anteil an der Weltbevölkerung hat sich halbiert. Der statistische Anteil ist umso kleiner geworden, je größer die Gemeinschaft geworden ist. Und selbst das größte Mitgliedsland der Gemeinschaft, Deutschland, spielt als Nationalstaat in Zeiten der Globalisierung keine wirklich entscheidende Rolle. Und wenn diese Beobachtung für Deutschland richtig ist, dann beantwortet sich die Frage für die anderen Mitgliedsstaaten der Europäischen Gemeinschaft in einer übersichtlichen Form in ähnlicher Weise.

Wenn der Integrationsprozess Europas nicht weiter vorankommt, weil uns der Mut verlassen hat, weil uns die falsche Einschätzung der eigenen Interessen und die Unterschätzung der Notwendigkeit, diese Interessen zu bündeln, um sie überhaupt wahrnehmen zu können, daran hindert, weiter ins 21. Jahrhundert nach vorn zu marschieren, statt jeweils einzeln zurück ins 19. Jahrhundert, dann hat Europa seine Zukunft hinter sich. Und jeder einzelne Staat ganz gewiss. Es wäre die mutlose und zugleich übermütige Wiederherstellung eines Zustandes, den dieser Kontinent mit dem Beginn des Baus der

Gemeinschaft hinter sich lassen wollte: die Rivalität von Nationalstaaten, deren Ehrgeiz größer ist als ihre Möglichkeiten. Wir brauchen aber ein Europa, dessen Möglichkeiten über den Ehrgeiz seiner Mitgliedsstaaten hinausreicht – ein Europa selbstbewusster Bürger.

Personenregister

Angela Merkel
MACHTWORTE

Die Standpunkte der
Kanzlerin

Herausgegeben von
Robin Mishra

240 Seiten, gebunden mit
Schutzumschlag

ISBN 978-3-451-30353-1

Das Buch zeichnet ein authentisches Bild vom politischen Programm und vom Denken der mächtigsten Frau der Welt (so das US-Wirtschaftsmagazin „Forbes" zum vierten Mal in Folge). Merkels Originalton liefert zugleich den Schlüssel zu ihrer Persönlichkeit. „Machtworte" zeigt, wie Angela Merkel politische Führung versteht. Durch die Macht des Wortes übt sie reale Macht aus – in der nationalen wie in der internationalen Politik.

HERDER

Joachim Jauer

Urbi et Gorbi

Christen als Wegbereiter der Wende

Mit s/w-Abbildungen
344 Seiten, gebunden mit
Schutzumschlag und Leseband

ISBN 978-3-451-32253-2

Auch als Taschenbuch: 352 Seiten, broschiert
Herder Spektrum Band 6266
Mit einem neuen Kapitel: Deutsche Einheit – 20 Jahre danach
ISBN 978-3-451-06266-7

Das Buch über die Revolutionen von 1989 in ganz Mittel- und Osteuropa, die – vor allem durch den Mut einzelner Menschen – schließlich zum Fall der Mauer, zum Ende des Kalten Krieges und zur Wiedervereinigung Deutschlands führten.

„Wer an den Hintergründen interessiert ist, wird durch Jauers Analysen so gut bedient, dass kaum ein Wunsch offen bleibt" (Vera Lengsfeld in „Die Welt").

HERDER

© Verlag Herder GmbH, Freiburg im Breisgau 2010
Alle Rechte vorbehalten
www.herder.de

Zitat S. 56/57:
Textauszug aus: Imre Kertész, Die exilierte Sprache. Essays und Reden,
© Suhrkamp Verlag, Frankfurt a. M. 2003.

Satz: Barbara Herrmann, Freiburg
Herstellung: fgb · freiburger graphische betriebe
www.fgb.de

Gedruckt auf umweltfreundlichem, chlorfrei gebleichtem Papier
Printed in Germany

ISBN 978-3-451-32509-0